**CARLOS M.
TEIXEIRA**

ODE AO VAZIO

PENSAMENTO DA AMÉRICA LATINA

Romano Guerra Editora
Nhamerica Platform

COORDENAÇÃO GERAL
Abilio Guerra, Fernando Luiz Lara e Silvana Romano Santos

ODE AO VAZIO
Carlos M. Teixeira
Brasil 2

ORGANIZAÇÃO
Abilio Guerra, Fernando Luiz Lara e Silvana Romano Santos

COORDENAÇÃO EDITORIAL
Silvana Romano Santos, Fernando Luiz Lara, Abilio Guerra,
Fernanda Critelli e Caio Sens.

PROJETO GRÁFICO
Maria Claudia Levy e Ana Luiza David (Goma Oficina)

DIAGRAMAÇÃO
Caio Sens e Fernanda Critelli

DIAGRAMAÇÃO EBOOK
Natalli Tami

Romano Guerra Editora

SÃO PAULO

AUSTIN

2017

**CARLOS M.
TEIXEIRA**

ODE AO VAZIO

8	APRESENTAÇÃO
12	LIQUEFAZENDO BRASÍLIA
18	O CAPIM
34	LIBERDADE, ELA É O VAZIO
46	MANIFESTO PALAFITAS
48	AMNÉSIAS TOPOGRÁFICAS
60	PALAFITAS

- 70   HISTÓRIA DO CORREDOR
- 78   ALPHAVILLE E 'ALPHAVILLE'
- 86   AVESSO EXPOSTO
- 94   PROJETO JARI
- 112   FORDLÂNDIA
- 120   ARIAÚ JUNGLE TOWERS
- 126   PAISAGISMO COMO CONFLITO

APRESENTAÇÃO

Escritos entre 1999 e 2015, os textos desse livro foram previamente publicados no Vitruvius, o portal que desde os anos 2000 tem se afirmado como o maior canal de debates sobre arquitetura no Brasil. Essa republicação, no entanto, não é uma simples coletânea, mas sim uma organização material que procura dar sinergia a ensaios que, antes isolados, aqui definem uma narrativa mais coerente e articulada.

O mais contundente deles é "Liquefazendo Brasília", um elogio do cerrado e uma onírica inversão da maneira de enxergarmos uma cidade: Brasília não conquistou o cerrado, o cerrado é que a conquistou (ou ainda há de conquistá-la). Apesar das superquadras do plano piloto implorarem por mais substância arquitetônica, na verdade o que ocorre é que aqui os vazios são muito mais eloquentes que os cheios: é cidade rala perdida num mar de gramíneas, e que agora deve ser reconsiderada pelo potencial desse mato sempre ignorado, porém insidioso e verdadeiro protagonista daquela paisagem.

Esse mesmo mato é deslocado para o contexto das cidades não planejadas em "O capim", um ensaio em tom de falsa enciclopédia que denuncia a falta de áreas verdes e espaços públicos, enaltece lotes vagos e expande o conceito daquilo que pode ser considerado como paisagismo. "O capim" é uma negociação com a desordem e o imprevisto e, acima de tudo, uma maneira exaltada de aceitar as imperfeições da cidade.

"Liberdade, ela é o vazio" é parte do livro *Em obras: história do vazio em Belo Horizonte*, de 1999, e endossa uma postura adversativa frente ao planejamento tecnicista. Ode à cidade que é a um só tempo eficiente e ineficiente, completa e incompleta, o texto propõe uma solução radical para os descaminhos do urbanismo moderno. Aqui, os vazios são menos um instrumento operativo e mais um recurso volátil e cambiante que precisamos detectar, e que deve ser "tão estimulante e enigmático quanto um *crime perfeito* o é para os velhos policiadores da cidade". Em consonância, "Amnésias Topográficas" descreve uma série de ações efêmeras que utilizam esses recursos de *Em obras* como o norteador de intervenções urbanas.

A ideia de vazio latente também está presente em "História do Corredor", onde esse espaço sempre evitado e que funciona como distribuidor de movimentos é visto como um possibilitador de usos delirantes.

Dando uma guinada para uma crítica factual do aqui e agora, "Alphaville e 'Alphaville'" ataca a segregação social e a fragmentação espacial causadas por condomínios fechados e enclaves urbanos – exemplos dos equívocos do urbanismo *laissez-faire* do Brasil e demais países onde se percebe a ausência do Estado como regulador da cidade. O mesmo tom soturno aparece em "Avesso exposto", um ensaio fotográfico que mostra como o urbanismo rodoviarista ainda assola as capitais do país.

Os últimos textos voltam a tratar do tema natureza e cidade. "Projeto Jari" e "Fordlândia" são fábulas sobre os fracassos do capitalismo na Amazônia e denunciam a visão da natureza como recurso infinito. Ambos foram empreitadas catastróficas que se prestam não apenas como antimodelo de desenvolvimento econômico, mas também como exemplo de resiliência da floresta frente às tentativas de usá-la de maneira predatória.

Essa mesma resiliência é o tema de "Paisagismo como conflito", um manifesto que vê a arquitetura como um agente provocador de um paisagismo conflituoso por excelência e capaz de celebrar "a destruição e a reconstrução, nunca a simples conservação".

"Ariaú Jungle Towers" apresenta um exemplo inaudito de arquitetura verde perdido no rio Ariaú, um afluente do rio

APRESENTAÇÃO

Negro não muito distante de Manaus. É um hotel cujas surpreendentes torres cilíndricas estão imbuídas de devir, da passagem do tempo e do ciclo edilício construção-uso-destruição, não diferentemente do ciclo orgânico nascimento-trabalho-morte. Pois essas também eram as ambições dos arquitetos do Metabolismo, movimento vanguardista japonês que impressionou o mundo nos anos 1960: os deles eram edifícios vivos, mutantes, adaptáveis, capazes de reagir e provocar mudanças, em processos contínuos de construção e destruição. Eram visionários então unidos sob a copa de um Estado japonês que lhes provia um projeto de sociedade coletiva e que trabalhavam em um contexto político bem diverso do nosso. Formavam um grupo que via as possíveis transformações de seu país com otimismo, e consideravam infraestrutura, cidade, arquitetura, natureza e crescimento – urbano, orgânico, econômico – como um único projeto. Hoje, fragmentados pelo projeto neoliberal em que estamos, uma das saídas é buscarmos algum sentido em casos isolados do setor privado como o Ariaú, um hotel que, apesar de cada vez mais mimetizado em seu rio, permanece à espera de um corolário que lhe possa prover novos significados. Mas certamente há outras saídas.

LIQUEFAZENDO BRASÍLIA

Nostálgicos modernistas e moralistas de plantão, olheiros de Niemeyer e burocratas do Iphan, museólogos da arquitetura e demais elementos da retaguarda nacional: evacuem Brasília já! Os predinhos das superquadras já não seguem mais o modelo dos criadores da cidade? A *arquitetura comercial* está estragando a plasticidade da W3? A nova ponte sobre o lago Paranoá é uma agressão ao plano piloto? Que venha mais sujeira! Capins de todas as espécies, tomem os predinhos da Asa Sul! Gramado da Esplanada dos Ministérios: deixe-se ocupar por pacaris, araticums, bacuparis, barbatimões, muricis e gabirobas!, e protejam do sol inclemente aqueles ministérios deitados! Superquadras da Asa Norte: muito, muito mais capins!!!

Campo limpo, campo sujo, campo cerrado, cerradão. É óbvio que é aqui que está a verdadeira monumentalidade desta cidade: na amplidão desses campos, naquelas distâncias intransponíveis entre uma superquadra e outra, e na pouca densidade de seu plano piloto. É notável isso sempre ter passado despercebido nas análises de Brasília: a cidade é, acima de qualquer outra coisa, um oximoro da paisagem: um enorme descampado de gramíneas.

Brasília foi uma tentativa de ocupar um grande vazio que é o interior do Brasil. Nesse sentido foi um malogro: a ocupação não foi além dos limites do Distrito Federal.

O CERRADO COLONIZOU BRASÍLIA, MAS, CLARO, BRASÍLIA DEFINITIVAMENTE NÃO COLONIZOU O CERRADO.

Brasília é uma demonstração de permeabilidade da cidade em relação a seu entorno natural; um excelente parâmetro para os ecólogos contemporâneos: prova de que podemos, sim, ocupar um bioma rico como o do cerrado sem alterar em (quase) nada um ecossistema pré-existente. Segundo seu autor, Lúcio Costa, urbanismo consiste em "levar um pouco da cidade para o campo e trazer um pouco do campo para dentro da cidade". Mas Brasília é como uma denúncia de desequilíbrio dessa definição: cidade cuja maior virtude é ter trazido demasiado campo para a cidade. É a permeabilidade total; a aceitação de uma ordem natural sem conflitos, a perfeita simbiose de estranhos que se repelem. É o oposto da impermeabilidade pervasiva de qualquer outra cidade. Em Brasília o asfalto se perde na paisagem enquanto o verde invade o cinza, brotando por sobre o pavimento e mudando o significado de fenômenos banais – exatamente como a fúria expressa na rodovia Transamazônica sendo engolida pela floresta. É a cidade como um *mar de espaço*, um deserto vegetal que ignora o avanço da arquitetura, permanecendo superior e indiferente, inabalável e descrente de todas as empreitadas que intencionam ocupar o território de forma convencional.

Comparações com a cidade jardim aqui seriam equivocadas: não se trata de um acordo entre os cheios e os vazios pensados por um urbanista. Aqui quem domina o espaço é o jardim e não a cidade, mas este jardim não tem nada da racionalidade de um projeto. É simplesmente um espaço de sobra que foi ocupado de qualquer maneira, assim como o vácuo é preenchido veementemente pelos cheios que lhe são vizinhos (que aqui são os onipresentes capins e árvores de troncos retorcidos). Portanto, Brasília não é uma cidade-parque: ela o seria tivessem suas áreas verdes sido obra de algum projeto. Brasília é cerrado, uma cidade-mato, obra de uma perfeita entropia do paisagismo onde a arquitetura desempenha o papel (coadjuvante, sem dúvida) de aumentar o índice dessa entropia (é por isso que, de uma certa forma, denúncias como o hotel vermelho na beira do lago, os prédios de Paulo Otávio, etc. – sejam como que um pérgola para que trepadeiras de todo tipo ocultem-lhes! – são ladainhas bem intencionadas mas absolutamente equivocadas).

Mas por mais longo que fosse, esse texto não seria tão eloquente quanto o ensaio fotográfico *Brasília* do fotógrafo Emmanuel Pinard. Que fotos mais lindas e mais feias! Não aqueles ângulos estudados da catedral, sem aquelas torres gêmeas do congresso, nada que nos lembre os formalismos de seus monumentos.

MAS SÓ A VERDADEIRA ESSÊNCIA DESSA CIDADE-MATO: SEUS CAMPOS LARGADOS, OS SOLOS AVERMELHADOS, A ARIDEZ QUASE DESÉRTICA DE SUA VEGETAÇÃO, A ARQUITETURA EM SEGUNDO PLANO QUE LUTA PARA APARECER.

E a linha do horizonte como que insinuando o que todos os amantes nostálgicos de Brasília devem esquecer: que esta cidade é uma alta materialização das ideias modernistas. Não mais.

Esqueçam o historicismo de Aldo Rossi e a cidade genérica de Koolhaas – esta última, principalmente, não vai nos levar a lugar algum. Pois agora Brasília é um novo modelo de cidade, do século 21, sem qualquer ligação com o Movimento Moderno e com os discursos estabelecidos. É um exemplo de entrosamento entre cidade e natureza, uma arma que desarma os técnicos da Fundação Estadual do Meio Ambiente – FEAM: cidade de enormes potenciais inexplorados, cidade como um aumento das infinitas possibilidades de paisagem do cerrado. Brasília é isso: um exército de reserva de novas ideias bem ao nosso lado, esperando alguma reação que derrube todas as inércias acadêmicas. Não está nessa sensibilidade (contraditória e oscilantemente) ecológica o futuro de Brasília, do urbanismo, da arquitetura?

NOTAS

NA. Fotos Polaroid de Brasilia manipuladas pelo autor, 2005.

NE. Texto escrito originalmente em 2002. Publicações anteriores: TEIXEIRA, Carlos M. Liquefazendo Brasilia. *Minha Cidade*, São Paulo, n. 044.02, Vitruvius, mar. 2004 <www.vitruvius.com.br/revistas/read/minhacidade/04.044/2018>; TEIXEIRA, Carlos M. Liquefazendo Brasília. *Vazio S/A*, Belo Horizonte, 12 jan. 2004 <www.vazio.com.br/ensaio/liquefazendo-brasilia/>; TEIXEIRA, Carlos M. The True Nature of Brasilia. *Vazio S/A*, Belo Horizonte, 12 jan. 2004 <www.vazio.com.br/ensaio/liquefazendo-brasilia/?lang=en>; TEIXEIRA, Carlos M. Liquefazendo Brasilia. *Estado de Minas*, Belo Horizonte, 05 jun. 2004, p.5; TEIXEIRA, Carlos M. Liquefazendo Brasilia. *Correio Braziliense*, Brasilia, 19 jun. 2004, p. 8-9; TEIXEIRA, Carlos M. The True Nature of Brasilia. *L'Architecture d'Aujourd'Hui*, n. 359, Paris, jul./ago. 2005, p.100-105.

O CAPIM

AURÉLIO

PLANTAS INVASORAS, ERVAS MÁS, PLANTAS DANINHAS, PLANTAS SILVESTRES, PLANTAS RUDERAIS, INÇOS, MATO, E JUQUIRA SÃO ALGUNS DOS SINÔNIMOS DAS CHAMADAS 'ERVAS DANINHAS', AS QUAIS INCLUEM OS CAPINS. CAPIM, POR SUA VEZ, É A DESIGNAÇÃO GENÉRICA DAS GRAMÍNEAS SILVESTRES E PALAVRA QUE TEM ORIGEM NO TUPI (KA+PÍI, OU 'FOLHA DELGADA'). SÃO ELES VÁRIOS: CAPIM BARBA-DE-BODE, CAPIM-AÇU, CAPIM-AGRESTE, CAPIM-AMONJEABA, CAPIM-AMARGOSO, CAPIM-AZUL, capim-balça, capim-bambu, capimpuba, capim-bobó, capim-branco, capim-catingueiro, capim-cheiroso, capim-de-burro, capim-de-cheiro, capim-do-pará, capim-elefante, capim-flecha, capim-gordura, capim-guiné, capim-jaraguá, capim-limão, capim-marmelada, capim-membeca, capim-mimoso, capim-sapé, capim-trapoeraba, etc. A maioria dessas espécies tem a inflorescência em espigas, as folhas lineares, agudas e recurvadas e a haste filiforme. Os capins são indesejados, invasores, forrageiros e provavelmente constituem a maior parte da área verde das cidades. São arrancados por jardineiros, coletados por lixeiros, queimados por incendiários e odiados por paisagistas.

PERIPLANETAS

Muitos dos capins são originários da Europa ou da Ásia e não do Brasil: apesar de não possuírem meios próprios de locomoção, as sementes dos capins são viajantes eficientíssimos. Graças a esse atributo, os capins cruzaram não apenas regiões e países, mas também todos os mares e oceanos, conquistando os sete continentes numa colonização de ambição planetária. Como exemplo, o capim-macho (*Ischaemum rugosum*) e o capim-camalote (*Rottboelia exaltata*), grandes inimigos da agricultura, foram introduzidos no Brasil através da importação de sementes genéticas de arroz. (Curiosamente, o homem, principal inimigo dos capins, é também seu principal vetor).

RIZOMAS

Propagam-se por meios vegetativos sexuais, sendo sua reprodução nunca assexuada. Alguns capins propagam-se por meio de rizomas, outros por estolões ou por tubérculos, enquanto outros ainda o fazem por dois desses órgãos ao mesmo tempo.

HUMANIZADORES

A vontade idealizada pelos arquitetos raramente se torna realidade. A ordem sempre é negada por acidentes e acasos que fogem do controle dos planejadores. *Puxados*, infiltrações, atalhos, subversões de uso etc. pavimentam o caminho das coisas involuntárias, sendo elas nem sempre prejudiciais ao projeto. Estas são as coisas que nos falam sobre o *crescimento* de um edifício ou de um desenho urbano, e sobretudo das coisas que acontecem após a fase de implementação. Um projeto, entretanto, sempre será artificial. Ele não nasce, ele é concebido por um indivíduo. Talvez aceitar o caráter inorgânico da arquitetura seja o mesmo que aceitar a colaboração das coisas orgânicas, tomando partido do que é inesperado, do que é discutível ou do que é perigoso. Na contramão de todas as apologias do determinado e do previsível, poderíamos aceitar um espaço urbano ou um edifício assim como ele está, para depois perguntar, parafraseando Kahn, "o que ele quer ser". Patrocinando sua evolução, testando sua adaptabilidade e incentivando sua abertura.

RUÍNAS

QUALQUER RUÍNA É MAIS MISTERIOSA QUE UM EDIFÍCIO BEM CONSERVADO, ASSIM COMO DETERMINADAS ARQUITETURAS FICAM BEM MELHOR DEPOIS DE SOLAPADAS PELA CONDIÇÃO DE CONSTRUÇÃO QUE NÃO MERECIA PERSISTIR.

Os capins, juntamente com o desgaste dos pisos, os muros envelhecidos, as paredes com tons já esmaecidos, a ferrugem e demais resquícios da passagem do tempo são marcas que podem enriquecer e humanizar mesmo a mais desumana das arquiteturas, mesmo a mais inóspita das cidades. Dificilmente um projeto leva em consideração o que o tempo pode trazer de bom para ele, e é exatamente por isso que os arquitetos preferem fotografar seus edifícios quando recém-inaugurados, de preferência sem a presença de qualquer ser humano.

CINZA

Os capins são o verde, mas um verde considerado ainda mais cinza que o asfalto. São tidos como (e realmente são) uma erva ainda mais daninha do que qualquer processo de urbanização descontrolada. Antiestéticos, transformam toda paisagem árida das calçadas e lotes desmatados em uma única e uniforme espécie de pasto urbano sem utilidade, mas certamente menos agressiva. Insistentes, voltam a atacar em todos os canteiros não muito bem mantidos, não importando qual espécie ali estava anteriormente.

'DEFAULT'

Os capins são as áreas verdes que se tornaram verdes por *default*. Eles são de fácil remoção, nascem em qualquer solo (ou mesmo sobre o *cimentado*) e dispensam qualquer tipo de manutenção. Entretanto, é importante notar que, apesar de atuarem por *default* em qualquer lugar, os capins formavam a mata nativa da região de várias cidades. Brasília, Belo Horizonte, Ribeirão Preto e Corumbá, por exemplo, foram construídas sobre capins (antes entremeados por umas poucas árvores de tronco retorcido).

INEFICIENTES E EFICIENTES

Colaborando para a ideia de lugares *espontâneos* e contrariando a utilização induzida dos espaços; oferecendo liberdade de uso e patrocinando a mudança, os capins são as áreas não-produtivas da cidade que teimam contra sua domesticação, apesar de, paradoxalmente, sempre estarem abertos à ideia de espaço *eficiente*.

DARWINISMO

A grande habilidade dos capins quanto a sobrevivência está na produção de sementes em escala, na facilidade de dispersão e grande longevidade destas sementes e, principalmente, na grande agressividade competitiva. Assim, os capins sabem aproveitar melhor os elementos vitais disponíveis tais como água e luz e conseguem acumular em seus tecidos quantidades muito maiores de nutrientes que as plantas cultivadas (o conteúdo médio dos capins é de aproximadamente duas vezes mais nitrogênio, 1.6 vezes mais fósforo, 3.5 vezes mais potássio, 7.6 vezes mais cálcio e 3.3 vezes mais magnésio que as plantas cultivadas em geral). Enquanto a maioria das plantas cultivadas não produz mais que algumas dezenas de sementes por indivíduo, um único exemplar de capim pode produzir centenas de milhares de sementes. Certos capins, como o capim-carrapicho e o carrapicho-de-carneiro, possuem sementes dotadas de pequenos ganchos facilmente aderentes a qualquer animal que entre em contato, o que facilita enormemente o processo de dispersão da planta. Além disso, as sementes de capins geralmente não germinam logo após sua maturação, vindo a fazê-lo muitos e muitos anos mais tarde devido à faculdade de *hibernação temporária* da semente. Assim como um vírus, uma semente de capim pode ficar anos e anos na espreita, pacientemente à espera de uma oportunidade para vingar sua espécie.

DADOS I

Na taxa de área verde por habitante das secretarias municipais do meio-ambiente, os capins não são computados, fato que deturpa a taxa real e acentua ainda mais o déficit de verde urbano por habitante. Na verdade, as cidades não são tão cinzas como nos fazem crer as estatísticas. A quantidade de oxigênio liberada por 10 touceiras de capim-gordura pode ser comparada à de um ipê amarelo adulto, por exemplo. Dado que eles representam (especulativamente) 40% da clorofila urbana, então eles produzem 40% do oxigênio do verde urbano, o que é uma percentagem nada desprezível. Devemos a qualidade de nosso microclima urbano, feliz ou infelizmente, aos capins.

DADOS II

Uma outra comparação entre a área das florestas e a área das terras cultivadas também nos diz que a Terra é mais verde do que afirmam certos dados. A área de florestas do planeta é de 3,442 Mha (milhões de hectares), sendo que metade desta área está concentrada em quatro países – Brasil, Rússia, Canadá e Estados Unidos. Porém, se computarmos a agricultura, a área verde sobe para 5,120 Mha. Isso não incluindo os prados, as savanas e o cerrado (e tampouco nossos capins!!!). Podemos concluir que a *verdadeira área verde da Terra* com certeza é um número infinitamente maior e mais reconfortante que todas as estatísticas disponíveis.

KYOTO

O sequestro de gás carbono, que mais cedo ou mais tarde será comercializado com ou sem a ratificação do Protocolo de Kyoto, também pode ser usado como uma defesa para os capins. Nesse sentido, eles são ainda mais importantes que as florestas existentes. Ora, é sabido que uma floresta adulta tem seu consumo e produção de gás carbônico equilibrados. Já o patrocínio de novos capins urbanos, não: eles são novas plantas, e, portanto,

novos agentes sequestradores de carbono que estarão colaborando para a redução do efeito estufa planetário.

PECUÁRIA

Alhures, capins servem de alimento para os mamíferos herbívoros e onívoros, para insetos e aves. Não precisam nem de muito sol nem de muita sombra, nem de muita terra nem de muita água, e convivem bem com (ou aniquilam) qualquer outra espécie vegetal. São largamente utilizados como alimento para os bovinos, mas estes requerem uma densidade media de 1.000 m^2/rês, taxa esta de baixíssima densidade e aquém de qualquer parâmetro de ocupação urbana. Na verdade, apesar de muito cultivado no campo, o capim é sempre evitado nas cidades.

NATUREZAS MORTAS

Os capins estão nas áreas públicas residuais – lugares que funcionam como compensações para um crescimento urbano descontrolado – ficando abandonados à deriva, à dinâmica da *natureza urbana* depois de intervenções radicais como viadutos, trevos e pontes.

ENTROPIA

De acordo com a segunda a lei da termodinâmica, qualquer sistema isolado tende a deslizar para um estado de crescente desordem – e nunca para o estado de ordem. Divida uma piscina ao meio com alguma barreira, encha uma metade com água e a outra com tinta, retire a barreira e, pelo movimento aleatório que sucederá, tinta e água acabarão por se misturar. A mistura nunca volta atrás, água e tinta para sempre permanecerão misturadas. Conhecido por entropia, esse conceito é a principal característica dos capins.

ELE ENXERGA A DESORGANIZAÇÃO COMO UMA TENDÊNCIA INEQUÍVOCA DE UM SISTEMA: O ABANDONO DA INFRAESTRUTURA URBANA DÁ VEZ À ENTROPIA, OU SEJA, A MANUTENÇÃO E A ORDEM PODEM SER VISTAS COMO REAÇÕES CONTRA A ENTROPIA LATENTE DAS COISAS.

MENOS É MAIS

Apesar disso, alguns abandonos podem ser incorporados pelo projeto. Um paisagismo que incorpora o capim é aquele que privilegia um encontro direto entre os usuários e a natureza. Um encontro que não procura uma disposição arcadiana das plantas, como nos jardins onde não podemos caminhar ou tocar nas plantas, mas sim a disposição com algo a menos: menos barreiras, menos perfeições, menos manutenção, menos composições, menos desenho – e talvez mais abandono.

'RICINUS COMMUNIS'

A mamona (*Ricinus communis*) é uma das melhores e mais interessantes traduções do encontro entre o magenta e o verde. (A planta é perene, arbustiva, muito ramificada, de caules glabros e fistulosos, com dois a três metros de altura, e de origem provavelmente africana). A vegetação dos lotes vagos, por incluir comunidades vegetais espontâneas, desempenha papel fundamental na manutenção da diversidade da flora e fauna das cidades (entre outras importâncias menos técnicas).

MAS NENHUMA PLANTA CONFUNDE MAIS CIDADE E CAMPO, MAGENTA E VERDE, ECOLOGIA E 'ANTIECOLOGIA', QUE A MAMONA.

Uma condição quase ubíqua para seu estabelecimento é a presença de entulhos – aliados a fatores como alta luminosidade, temperatura elevada e médio a alto grau de *trofismo* – a ponto de, em certo modo, a planta servir como indicador de áreas onde ocorreu a deposição de lixo e entulho de construção. Por ser uma espécie que gosta de cálcio (concreto, brita), as comunidades de mamona formam microambientes propícios à colonização e além disso denunciam, de um jeito ambíguo, a existência no solo da substância essencial das cidades. Ou seja, o verde da mamona denuncia e alimenta-se de magenta: cimento, tijolos, areia e brita.

DES-NATURAL

Os paisagistas são profissionais que levam as transformações da paisagem a sério e se enxergam como agentes culturais capazes de dar significado cultural ao seu ofício. E realmente *são*. Mas o certo é que hoje, a natureza urbana – a vegetação urbana composta por biótopos típicos dos vazios da cidade e seus lotes baldios – é uma reserva ambiental indiscutível, principalmente nos países onde o clima favorece o alastramento rápido de capins. Burle Marx foi um paisagista-biólogo que catalogou as plantas tropicais do Brasil com maestria, usando-as como ponto de partida para fazer paisagens incrivelmente plásticas e desnaturais. Mas o potencial dos tempos atuais talvez esteja mais perto: não só nos confins da Amazônia e suas vitórias-régias; não apenas nos parques ingleses tão lindos (porque têm tapetes de gramíneas entre seus clusters de árvores e arbustos); mas também no quintal do vizinho, na estrada largada, no cacha prego, num bairro longe, ou aí ou aqui.

TREPADEIRAS 'SINE QUAE NON'

Uma consideração, mínima que seja, pelo potencial do paisagismo já serviria para contrabalançar o aspecto da arquitetura medíocre (incluindo aqui certos edifícios considerados *históricos*). Como disse o arquiteto Ricardo Lana, as prefeituras deveriam aprovar os projetos de arquitetura com uma condição: trepadeiras e mais trepadeiras deveriam fazer das fachadas planos para a proliferação desta planta. Está aqui então uma condição *sine quae non* para a construção de prédios medíocres: que eles terminem dominados por trepadeiras e/ou capins, exatamente como acontece no final do conto infantil *O Menino do Dedo Verde*. Como antídoto contra a mediocridade arquitetônica das cidades, a mediocridade desnatural dos capins.

NOTAS

NA. Fotos do autor, 2004.

NE. Texto escrito originalmente em 2003. Publicações anteriores: TEIXEIRA, Carlos M. O Capim. In TEIXEIRA, Carlos M. *Entre*. Belo Horizonte, Instituto Cidades Criativas, 2010, p. 112-151; TEIXEIRA, Carlos M. Wild Grass. In TEIXEIRA, Carlos M. *Entre: Architecture From the Performing Arts*. London, Artifice, 2012, p. 88-123; TEIXEIRA, Carlos M. O Capim. *Arquitextos*, São Paulo, n. 007.10, Vitruvius, dez. 2000 <www.vitruvius.com.br/revistas/read/arquitextos/01.007/950>; TEIXEIRA, Carlos M. O Capim. *Vazio S/A*, Belo Horizonte, 12 dez. 2002 <www.vazio.com.br/ensaio/o-capim/>; TEIXEIRA, Carlos M. Wild Grass. *Vazio S/A*, Belo Horizonte, 12 dez. 2002 <www.vazio.com.br/ensaio/o-capim/?lang-en>; TEIXEIRA, Carlos M. O Capim. *ArchDaily Brasil*, 27 jun. 2013 <www.archdaily.com.br/119092/o-capim-slash-carlos-m-teixeira>; TEIXEIRA, Carlos M. O Capim. *Estado de Minas*, Caderno Pensar, 01 dez. 2001, p.4. (versão adaptada).

BR 2 — PENSAMENTO DA AMÉRICA LATINA — ODE AO VAZIO

LIBERDADE, ELA É O VAZIO

PREMISSAS

1. Belo Horizonte tem a vitalidade e a energia urbana típicas das metrópoles brasileiras.
2. Belo Horizonte é uma cidade com carências de infraestrutura básica e de espaços públicos, sendo que seu único parque central – o parque municipal – tem hoje uma área equivalente a apenas um terço da área do projeto original.

Esta seção é consequência dessas duas observações: é uma proposta de abertura dos vazios existentes à energia que circula pelas ruas e, ao mesmo tempo, uma procura por denunciar as carências mais imediatas da cidade.

Basicamente, ela não propõe demolições nem construções, mas essencialmente a prospecção de vazios com potencial de ativação.

Não tenho a menor intenção de relembrar a Belo Horizonte idílica de Aarão Reis. Aquela cidade não existe mais; jaz sob o tecido caótico de uma cidade que partiu do nada, explodiu metrópole em 100 anos e ignorou todas as boas intenções de seu plano original. A fonte de inspiração deste texto está apenas em uma coisa: nas antenas que possam captar a energia da Belo Horizonte atual, e que é transmitida especificamente por seus vazios.

ASSIM COMO NA FOTOGRAFIA É PRECISO REVELAR (QUIMICAMENTE) A IMAGEM LATENTE JÁ REGISTRADA NA GELATINA DO FILME, OS VAZIOS SÃO UMA ESPÉCIE DE ODE ÀS ENERGIAS LATENTES E QUE TAMBÉM PRECISAM SER REVELADAS À CIDADE.

É difícil visualizar uma imagem antes de processá-la, assim como é difícil enxergar qualquer coisa diferente e *bonita* na zona suburbana – a zona que é tudo que a Belo Horizonte de Aarão Reis não queria ser.

Na Belo Horizonte de hoje não é necessário se preocupar em ler estilos de arquitetura ou outras manifestações próprias da cidade. Saber ler a arquitetura, procurar o murmúrio ou o contexto de um terreno, procurar *diálogos* entre as construções existentes e as novas – nada disso aqui tem importância. Falo de uma sensibilidade às forças que definem carências; falo de um urbanismo estilo *Adorável Mundo Novo*, falo como um velho arquiteto moderno que não se arrependeu do que fez e que acredita no projeto de mais e mais Brasílias – Brasílias agora como sobreposições de plantas. Sobreponha o Plano Piloto de Lúcio Costa à planta da cidade satélite de Taguatinga e ... pronto! Temos agora a situação de todas as cidades que explodiram juntamente com o milagre econômico brasileiro. Cidades onde a infraestrutura corre atrás da arquitetura, mas que precisam de um emparelhamento entre as duas através de seus vazios.

A arrogância do urbanismo moderno sempre valorizou os vazios – Brasília nos diz isso no Eixo Monumental e nas superquadras. Brasília emociona pela escala desumana da Esplanada dos Ministérios, pelos espaços em branco que distanciam um edifício residencial de outro, pela largura de suas vias. Vazio demais em Brasília, vazio de menos em Taguatinga. É a aceitação dessa trágica superposição de *layers* o que melhor define o estado da Belo Horizonte atual. Brasília + Taguatinga = Belo Horizonte: ilhas planejadas em meio a um mar de crescimento descontrolado; vitalidade urbana que é manifestada nas calçadas, nas ruas e nos estacionamentos desocupados dos shoppings e estádios.

Certos casos recentes de investimentos em renovação urbana resultaram em pouca atividade social. Belo Horizonte é o caso oposto: é cidade de prefeitura sem orçamento e cuja energia social explode sem fio-terra, sem espaços públicos, descarregada em curtos-circuitos espalhados pela cidade.

Não é importante estabelecer um programa determinado para a zona suburbana: um vazio (ou uma edificação qualquer) pode ser utilizado para o alargamento de uma avenida congestionada, para a edificação de habitações sociais, para a construção de um terminal de transporte coletivo ou para conter a demanda de infraestruturas em consequência do crescimento. Na prática, o futuro da cidade não é previsível, mas ele será menos incerto se tomarmos como premissa um certo equilíbrio entre as forças do urbanismo e da arquitetura. Num dia Brasília, no outro Taguatinga, aqui o *social*, ali um urbanismo com o espírito destruidor de Fausto; um dia preservando os vazios, no outro saturando a cidade com mais e mais arquitetura; um dia provocando curtos-circuitos, no dia seguinte construindo os fios-terra que esses acidentes demandam (ou vice-versa).

Uma organização tão complexa como a de uma grande cidade não pode ser entendida pelas limitações políticas, tecnológicas ou estilísticas de urbanismos passados. Ela não precisa de fórmulas nem de receitas. Melhor, então, vermos o futuro de um vazio como consequência de uma resposta criativa, como a reação de um corpo que necessita de problemas para exercitar sua capacidade de pensar e reagir contra as irregularidades. Nesse sentido, toda a vitalidade de uma cidade é um ciclo vicioso proporcional à sua capacidade de gerar problemas, que por sua vez geram anticorpos, que combatem mais problemas, que geram mais anticorpos, etc. As cidades *prontas*, então, são aquelas que mais cedo ou mais tarde padecerão por terem, num gesto inconscientemente suicida, aposentado suas energias criadoras (ao não produzirem mais anticorpos como reação aos seus problemas). Por outro lado, as cidades *incompletas* são aquelas cuja vantagem é exatamente não ter (ainda) conquistado o que as cidades prontas conquistaram.

Stéphane Mallarmé escreveu o poema da página em branco, John Cage compôs música com o silêncio, Wim Wenders elogiou os lotes vagos de Berlim, mas os arquitetos – esses continuam cegos com relação ao potencial dos vazios e da zona suburbana (talvez por ainda estarem complexados com as críticas negativas sobre Brasília, mesmo sabendo que Juscelino Kubitschek construiu a Pampulha no vazio da periferia há mais de cinquenta anos).

Urbanizar a zona suburbana é importante. Levar à periferia infraestrutura é uma medida emergencial que poderia ter sido consumada há mais tempo, caso o crescimento da cidade não tivesse se dado espontaneamente. Melhorar as condições do sistema de esgoto, do sistema viário e mesmo da qualidade da arquitetura da cidade também é obviamente importante.

MAS A REALIDADE PARECE INDICAR UMA OUTRA ALTERNATIVA, MAIS PRÁTICA E REALISTA: A ALTERNATIVA DE 'SUBURBANIZAR A ZONA URBANA', DE LEVAR PARA OS CHEIOS DA CIDADE AS QUALIDADES DO VAZIO DA PERIFERIA.

A história de Belo Horizonte pode, ironicamente, ser considerada a história do triunfo do desplanejado sobre o planejado. No início, ainda em 1894, eram as montanhas e o vazio da vegetação do cerrado. Sobre esse vazio encontrado, natural, o engenheiro Aarão Reis projeta vazios nobres – perspectivas, largos, rotores, avenidas, um parque municipal, etc. – que seriam definidos pelas construções lindeiras. Acontece que a arquitetura da capital mineira foi sendo construída por todos os lados, invadindo áreas reservadas à não-construção, espremendo os espaços públicos planejados, tirando dos vazios seus simbolismos e os transformando simplesmente em áreas *sem-arquitetura*.

É curioso que, apesar disso, no decorrer da urbanização de Belo Horizonte, foram aparecendo espaços não muito públicos, em lugares não muito planejados, com resultados não muito bonitos, mas que se tornaram tão importantes para a cidade quanto os espaços públicos planejados. São os espaços desplanejados que funcionam como *espaço negativo da arquitetura*, terrenos alternativos que são utilizados pela população como opção para a falta de vazios de Belo Horizonte. Não tão bonitos como a Praça da Liberdade de Aarão Reis, mas com certeza bem mais sintonizados com a estética invertida que é tão típica de Belo Horizonte. Há uma necessidade de *rendição* a esses espaços públicos residuais, há uma necessidade de aceitar esses vazios que substituíram os espaços públicos pensados por Aarão, pois são uma solução improvisada e talvez mais eficaz do que as antigas praças. A abertura e a relativa falta de normatizações fazem desses locais condensadores sociais, por mais que uma parte da população ou dos urbanistas os vejam como locais desagradáveis aos olhos.

Os vazios são os possíveis restauradores de uma cidade que sempre os quis ignorar e que poucas vezes conseguiu se expressar pelos cheios. Ao mesmo tempo, não são um gesto de descrédito pela arquitetura. Pelo contrário, são uma tentativa de exaltar a não-arquitetura que está entre uma arquitetura e outra que, por sua vez, será capaz de valorizar os edifícios existentes. São uma espécie de vingança do projeto original do Parque Municipal: de volta à necessidade de áreas não-construíveis do projeto de Aarão.

Ao contrário da complexidade dos cheios, os vazios são simples. São conservacionistas, assim como os técnicos do Patrimônio Histórico. São a versão urbana da ecologia: preservem tudo que é natural na cidade: tudo o que ainda não foi construído. São a *ecologia cinza* do asfalto, da feiura dos matos, da mesmice da periferia. São os lotes vagos, os resíduos de espaço, os *terrain vagues* tão elogiados pelos fotógrafos que exploraram as margens e as zonas degradadas das grandes cidades. É o vale do rio Arrudas, é a gigantesca mata da Universidade Federal de Minas Gerais, é tudo o que passou despercebido aos olhos dos menos sensíveis às verdadeiras forças que constroem e destroem as cidades. É, em suma, o precioso patrimônio cinza formado por tudo aquilo que escapou das forças destruidoras da arquitetura.

O que seria mais precisamente esse urbanismo da *ecologia cinza*? Não falo do urbanismo do *caos* ou da *complexidade*, mas sim do urbanismo da rendição ao improviso e à necessidade da improdutividade. Todo o crescimento aleatório, todas as marcas de uma cidade de fragmentos isolados, independentes e sem nenhuma coerência vão agora formar o ponto de partida da cidade do próximo século. Como resposta a um crescimento tão especulativo e mesquinho, os vazios da ecologia cinza introduzem um tipo diferente de produtividade; uma produtividade que nos permite uma suspensão temporária da atração gravitacional da necessidade, da função, da lógica, do senso comum e de tudo geralmente associado à palavra urbanismo. Eles aceitam a necessidade da perda, aceitam o delírio coletivo das cidades: o delírio do dispêndio e da improvisação, dos jogos e das festas, dos carnavais e dos festivais, das compras e dos rituais arcaicos – atividades ligadas à cultura dos eventos. Eles recebem os excessos que estão fora do domínio da economia clássica, incorporando uma alucinação antieconômica que, afinal, é fundamental para o funcionamento da economia dos economistas. Nesse sentido, os citados *espaços públicos desplanejados* podem ser vistos como saudáveis manifestações em uma cidade onde o mercantilismo acabou por preencher todos os seus vazios planejados; eles podem ser vistos como uma ocupação espontânea do espaço urbano em uma cidade que desistiu de se planejar. Ecologia cinza: urbanismo dos detritos, dos gastos e do desperdício que, numa inversão de valores, se transformam em matéria-prima para um ecossistema a um só tempo ineficiente e eficiente.

Acabou-se a poesia das avenidas vazias, acabou-se a perspectiva da avenida Afonso Pena mirando bucolicamente a Serra do Curral. Acabaram-se os tempos dos poetas das ruas desertas. Sobraram os vazios pouco nobres da periferia, os campos de futebol à espera de empreendimentos, as lacunas urbanas ao lado dos viadutos e das pontes. Os vazios como descargas de energia social *subversiva*, como atividades de resistência, de sabotagem e de recusa a uma cidade marcada pela invasão da arquitetura, delineada pela vitória dos cheios sobre os vazios, caracterizada por um amontoado de prédios comuns que brotaram como mato pelo urbanismo. Vazios: lugares onde a energia deve ser expurgada e, ao mesmo tempo, onde estão subentendidos os melhores futuros da cidade.

PROMESSAS DE UMA CIDADE EFICIENTE E IMPRODUTIVA, IMPROVISADA E PLANEJADA, DE VAZIOS QUE DEVEM SER OCUPADOS E PRESERVADOS, E ONDE OS FIOS-TERRA DEVEM SER CRIADOS PARALELAMENTE AO INCENTIVO DA PRODUÇÃO DE MAIS ENERGIAS.

Todas as atividades urbanas estão aí, acontecendo na nossa frente, em meio a uma cidade nova que reage malignamente aos que tentam reduzi-la a conceitos do passado. Podemos então esperar que o futuro de Belo Horizonte, essa jovem que apagou quase todos os traços de seu passado, esteja nos vazios de sua parte anônima? Nesse conceito absurdo da ecologia cinza e no seu potencial de improvisação? Podemos apostar nesse mal-estar da impossibilidade do urbanismo; nos eventos efêmeros que *não* conformam a cidade? Devemos aceitar essa paisagem? Sim!, pois esse é o verdadeiro patrimônio que nos resta. Em 1998 – pouco depois de todos terem tentado mitificar um passado pretensamente glorioso e cada vez mais distante –, o mais sensato parece ser um outro tipo de intervenção: aquele voltado para o que não podemos ver. Aceitemos o que nós temos sem os escapismos dos utopistas ou dos nostálgicos, sem lamentações sobre o caos urbano, sem artigos sobre a cidade-jardim.

Tudo isso nós enterramos há muito sob a camada mundana e onipresente da periferia. Hoje, capturar a força e a energia dos vazios é a estratégia para uma busca mais equilibrada entre a arquitetura (cheios) e o urbanismo (vazios), tendo em mente que o urbanismo da ecologia cinza e dos vazios deve ser, para os arquitetos, tão estimulante e enigmático quanto um *crime perfeito* o é para os velhos policiadores da cidade.

NOTAS

NA. Foto do autor, Belo Horizonte, 1998.

NE. Texto escrito originalmente em 1998. Publicações anteriores: TEIXEIRA, Carlos M. Liberdade, ela é o vazio. In TEIXEIRA, Carlos M. *Em obras: história do vazio em Belo Horizonte*. São Paulo, Cosac & Naify, 1999, p. 252-285; TEIXEIRA, Carlos M. 1 ideia para 100 BH Centro. *AU – Arquitetura e Urbanismo*, n. 74, São Paulo, out./nov. 1997, p. 93-95 (versão adaptada).

MANIFESTO PALAFITAS

If modernity is defined by its claim to universality, this always remains an impossible universal. Each staging of the modern must be arranged to produce the global history of modernity, yet each requires those forms of difference that introduce the possibility of a discrepancy, that return to undermine its unity and identity.
Timoty Michel, *Questions of Modernity*

Se o modernismo foi um processo de ambições universais, seus efeitos colaterais nem sempre são resultado de uma resistência àquelas ambições, mas muitas vezes traduzem a sua exacerbação em expressão local.

As palafitas podem ser vistas como um corruptor de objetos conhecidos ou como um encontro com o que está na origem do moderno: elas o desmitificam para então criar um objeto que escapa e despreza a moralidade pura e a uniformidade ética de seus idealizadores.

As palafitas são um subproduto modernista que, por estar destituído de estilo, intenção e linguagem formal, funciona como uma caricatura do grid modernista – caricatura que, de tão absurda, é capaz de provocar estranhamentos. Ao desatar um nó que antes unia estrutura e programa, eficiência e forma, estrutura e significado, elas abrem um espaço indeterminado num jogo onde a diferença prevalece sobre a identidade e a dissonância prevalece sobre a harmonia – e que aqui pode ser visto como um reservatório inesperado de possibilidades.

NOTAS

NA. Vazio S/A: intervenção sobre a casa Ville Savoye, Le Corbusier, 2015.

NE. Texto inédito, escrito originalmente em 2005.

BR	PENSAMENTO	
2	DA AMÉRICA LATINA	ODE AO VAZIO

AMNÉSIAS TOPOGRÁFICAS

A paisagem das grandes cidades é composta por muitos elementos residuais. Regiões vacantes, vazios subutilizados e terrenos baldios são áreas abertas às pressões econômicas e sociais que produzem a cidade. "Amnésias Topográficas", no entanto, é um projeto que procura estender as estratégias de projeto nesses locais, buscando mostrar tanto os limites das intervenções convencionais quanto as possibilidades de intervenções efêmeras.

Os prédios do Buritis, um bairro montanhoso na zona sul de Belo Horizonte, só podem contar com quatro pavimentos, ficando sem qualquer utilização as estruturas em terreno de declive acentuado – o que forma as assim chamadas palafitas (ou *paliteiros*) sob os prédios. Como consequência da rigidez da Lei de Uso e Ocupação do Solo, construções onde as palafitas têm a mesma altura ou mesmo são mais altas que o prédio que sustentam são elementos comuns naquela paisagem. Lançado para o mercado imobiliário no início da década de noventa, em seis anos todos os morros desse bairro antes marcados por uma palmeira típica do cerrado – o buriti –, foram todos rapidamente ocupados por prédios caracterizados pela uniformidade volumétrica, pela falta de uma melhor relação terreno-projeto, pela mesmice e sobretudo pela falta de imaginação de seus arquitetos.

Há na malha arquitetônica dessas palafitas algo que lembra prédios em construção, que faz da arquitetura completa uma arquitetura incompleta, que sustenta edifícios prontos com uma outra arquitetura em construção. (E essa malha bem que poderia se espalhar para outros cantos, levando essa liberdade de usos para prédios estanques, alavancando atividades novas nos espaços públicos, estendendo sua beleza como se fosse um tumor capaz de revitalizar a arquitetura existente. Uma cidade contaminada por esse padrão seria uma cidade pra sempre em obras, pra sempre incompleta, pra sempre *processo* e nunca *produto*. Esta pode ser uma forma de elogiar as palafitas: uma prova de que uma cidade com ares de incompleta tem mesmo como tirar partido dessa condição).

Uma estrutura incompleta é um espaço aberto, livre, indeterminado e sujeito a quaisquer eventos e atividades. Talvez por isso todos os prédios sejam bonitos quando em obras: porque nesse estágio ainda há esperança de que dali saia alguma arquitetura, ainda há lugar para imaginarmos que o resultado daquela construção às vezes não será tão previsível e medíocre quanto o dos prédios vizinhos já concluídos.

Os pilotis desses prédios são como plataformas que dividem dois espaços absolutamente desconexos: abaixo, um labirinto de pilares de concreto; acima, apartamentos classe média. E no meio, os pilotis que funcionam como garagem e/ou área de lazer. São prédios com uma única estrutura em um único lote em um mesmo imóvel, porém gerando duas possibilidades de ocupação independentes, radicalmente separadas e espelhadas pelos pilotis.

Uma dessas ocupações está determinada (os apartamentos); a outra encontra-se espantosamente em aberto.

É EVIDENTE QUE O POTENCIAL ARQUITETÔNICO DESSES PRÉDIOS ESTÁ PRECISAMENTE NESSA ORGANIZAÇÃO ATÍPICA, NA LÓGICA DE ASSENTAMENTO DAS AMNÉSIAS TOPOGRÁFICAS, NESSA SURPRESA GERADA POR UM ACIDENTE ARQUITETÔNICO.

O labirinto formado pela sequência das palafitas de concreto, a natureza explicitamente residual desses labirintos e a uniformidade dos prédios suportados pelas palafitas conformam, todos eles, um potencial que é inversamente proporcional à qualidade arquitetônica desses objetos. Terrenos acidentados são vencidos através de uma malha sincopada de pilares e vigas, cintas e contraventamentos que, juntos, materializam fantasias arquitetônicas. São espaços piranesianos não idealizados por arquitetos; produtos de calculistas que jamais imaginaram o espaço que projetaram; surpresas espaciais que nunca acontecem no mundo previsível da arquitetura.

Duas coisas marcam a esquizofrênica identidade visual desse bairro: as palafitas e a mata atlântica sobre as encostas. Grandes áreas verdes permeiam os prédios palafitados. A topografia do bairro é tão montanhosa que partes de muitos quarteirões não puderam ser loteadas. É por isso que várias reservas naturais são vizinhas às sequências de palafitas; reservas estas que não são parte do plano urbano do bairro e tampouco foram uma exigência legal para equilibrar a quantidade de área verde por habitante – elas são simplesmente uma *consequência topográfica*. São manchas verdes isoladas e totalmente inacessíveis por causa da declividade e da fileira de palafitas que as protege e as isola de todo contato com as ruas e com os próprios prédios.

Na arquitetura moderna, o pilotis dos edifícios foi concebido como um elemento que permitiria soltar o edifício do terreno, liberando no térreo uma área aberta, coberta, geralmente contígua a áreas verdes e úteis como playground, local de eventos, etc. "Que a casa seja suspensa por estacas, que se erga no ar, que o jardim penetre debaixo da casa". Dessa forma os pilotis permitiriam uma continuidade do parque ao redor dos prédios ou das casas. Brasília e suas superquadras são uma ótima tradução desse elemento, sendo que seus blocos residenciais permitem o livre caminhar pelas superquadras por estarem sempre apoiados sobre pilotis. Por mais geométricos e duros que sejam, esses prédios procuram ser permeáveis e penetráveis pelo público, integrados que estão na vegetação rala do cerrado.

No caso de "Amnésias Topográficas", é como se o pilotis tivesse sofrido uma mutação, resultado de um tumor (maligno?): no lugar deste, as palafitas fazem a conexão arquitetura-natureza. Com algumas semelhanças: ambos servem para separar os prédios da natureza e do contato direto com o terreno. E com diferenças fundamentais, também:

AO CONTRÁRIO DOS PILOTIS, QUE EM PRINCÍPIO SERVEM PARA INTEGRAR OS PRÉDIOS E MORADORES NAS ÁREAS VERDES, AS PALAFITAS MANTÊM A NATUREZA COMO ALGO INATINGÍVEL.

No final, os dois principais elementos do bairro (matas e palafitas), ambos de uma beleza espetacular (ainda que um espetáculo despercebido), ironicamente não são acessíveis nem para moradores e nem para a comunidade em geral.

Invento para Leonardo, peça do grupo de teatro Armatrux, foi a primeira transformação desse resíduo em palco de um espetáculo. Partimos então de algo existente – uma estrutura arquitetônica ordinária e agressiva – que se transformou em matéria plástica espacial. Prédios vizinhos aqui se tornam uma única e contígua estrutura de concreto aparente; um continuum de vigas e pilares prontos para receber qualquer função. No palco do espetáculo, passarelas de madeira, escadas, rampas e plataformas possibilitaram o uso extensivo das palafitas em diversos níveis pelos atores. O público ficou acomodado em uma arquibancada tubular desmontável, que transformou o lote vago nos fundos das palafitas em plateia do espetáculo. A situação da plateia nesse lote vago com dois prédios de apartamentos vizinhos (um à direita e outro à esquerda), além das palafitas no fundo, criou uma outra relação entre espectadores, palco e cidade. Simultaneamente à apresentação da peça, os prédios vizinhos apresentavam cenas cotidianas que se tornaram públicas: famílias jantando, tomando banho, conversando, dormindo e, eventualmente, assistindo à peça de suas janelas.

O espetáculo possibilitou também uma inversão no quadro de privatização dos espaços da cidade. Em um país de cidades cada vez menos públicas e mais violentas – um país onde a cidade é vista cada vez mais como um inimigo ou ao menos como um obstáculo entre a casa e o trabalho –, o projeto funcionou como um urbanismo efêmero que mostra os desequilíbrios urbanos de uma forma sem precedentes. Nesse sentido,

Armatrux foi um fator crucial nesta investigação: ao contratar-nos para a escolha do local para uma nova peça, o grupo com tradição de teatro de rua estendeu a pesquisa do teatro para a pesquisa de novos conceitos de rua.

A segunda intervenção ocorreu em 2004, quando grandes volumes de plantas comuns e vulgares invadiram as palafitas. "Amnésias Topográficas II", última intervenção com o grupo Armatrux, esteve marcada por jardins suspensos, plataformas de madeira, escadas, rampas e uma grande superfície de fibra de coco que revestiu toda a encosta.

Uma sequência de palafitas contíguas passou a ser penetrável por meio de várias passarelas que permeiam dois prédios e terminam quatro andares acima do nível de acesso, que é um lote vago nos fundos. Não mais a separação entre plateia e público: o projeto "Amnésias II" mistura público e privado, atores e audiência, e usa as passarelas de circulação do público como local de apresentação e encenação.

A tela de fibra de coco foi mais que uma simples indutora de uma nova cobertura vegetal. Ela transformou aquela paisagem (antes) de escombros, entulho, ratos e escorpiões em uma topografia cenográfica, abraçando toda a encosta sem deixar nenhum centímetro de terra ou lixo à vista até descer lote abaixo, ocupando todo o terreno dos fundos como se fosse um tapete de gramíneas pervagante e onipresente. Toda a superfície do solo foi embrulhada pela tela; todo o entulho foi removido e/ou escondido pela superfície invasora da tela, e tudo ficou como morros côncavos e convexos de fibra de coco.

A semente que foi plantada com a tela foi a aveia, uma gramínea de crescimento rápido e ideal para o evento. Azevém, braquiária, arroz e alpiste são as outras gramíneas que compõem o mix de matos da tela de coco. Assim, o aspecto de *por fazer* das palafitas foi modificado a partir de plantas típicas dos campos agrícolas.

Mas, além dessa superfície agrícola, os capins também subiram pelas vigas e cintas para então ganhar as alturas palafitadas. Caixas de madeira ruim, as mesmas usadas para transportar frutas, foram usadas para plantar mais capins. Foram 180 caixas com mais ou menos 28 mudas em cada (ou 5.040 mudas), ocupando uma área de 100 m² e apoiadas sobre perfis "I". Cada muda foi plantada em saquinhos de plástico preto de 8 cm de diâmetro, e com terra adubada o suficiente para que todas as plantas daninhas crescessem em tempo recorde. Alpiste e milho – capins sabidamente rápidos – cresceram mais ou menos 50 cm com apenas um mês de vida. Arroz e capim meloso, um pouco mais lentos, foram importantes para gerar variações de textura e tonalidades (têm verdes mais claros), além de provocar interessantes nuances volumétricas no matagal suspenso.

Algumas plantas invasoras e/ou comestíveis levadas para as palafitas: azevém (*Lolium multiflorum*), aveia (*Bromus catharticus*), arrozinho (*Luziola peruviana*), braquiária (*Brachiara decumbens*) e capim meloso (*Melinis minutiflora*), além de alpiste, painço e milho.

Na data do início do espetáculo teatral, o mato turbinado já havia crescido muito. O sol esturricante de outubro e as chuvas caudalosas de novembro fizeram as plantas crescer muito mais que capim!!! Plantados numa flora e depois transportados para as palafitas, a umidade do local fez com que os caixotes com capins permanecessem viçosos e exuberantes por muitas semanas, mesmo com a luminosidade infinitamente menor dos labirintos das Amnésias. A tela de coco lentamente se transformou em uma penugem de mudas recém-brotadas – nas profundezas das palafitas menos; nas áreas próximas do sol, mais – passando dos tons de marrom para uma superfície de verdes esparsos e concentrados em tufos. Quase cem placas de compensado 110x220 cm foram usados na confecção das passarelas, além de peças de madeira 15x6, centenas de metros lineares de peças 6x6 e 27x6, e dez quilos de pregos – totalizando uma área palco-plateia de 250m^2, além dos 100m^2 de capins suspensos apoiados em perfis "I".

Nômades, um drama sobre a solidão e a esperança do grupo Armatrux, procura ser um diálogo com as contradições e ambiguidades expostas na intervenção "Amnésias Topográficas II". Começando o espetáculo na rua, homem-cone, mulher-das-caixas, homem-cabeça, e mulher-da-TV trazem a plateia para as Amnésias e percorrem as passarelas lentamente, fazendo comentários sobre o espaço do evento e terminando a cena em meio ao público, no quarto e último andar do palco-plateia.

NOTAS

NA. Fotos do autor, prédios com estrutura em palafitas, Buritis, Belo Horizonte, 2001.

NE. Texto escrito originalmente em 2001. Publicações anteriores: TEIXEIRA, Carlos M. Amnésias Topográficas. In TEIXEIRA, Carlos M. *Entre*. Belo Horizonte, Instituto Cidades Criativas, 2010, p. 22-44; TEIXEIRA, Carlos M. Topographical Amnesias. In TEIXEIRA, Carlos M. *Entre: Architecture From the Performing Arts*. London, Artifice, 2012, p. 20-53; TEIXEIRA, Carlos M.; GANZ, Louise Marie. Urbanismo efêmero em amnésias topográficas. *AU – Arquitetura e Urbanismo*, n. 107, São Paulo, fev. 2003; TEIXEIRA, Carlos M.; GANZ, Louise Marie. Urbanismo efêmero em amnésias topográficas. *Arquitextos*, São Paulo, n. 036.05, Vitruvius, maio 2003 <www.vitruvius.com.br/revistas/read/arquitextos/03.036/685>; TEIXEIRA, Carlos M. Amnésias Topográficas. In TEIXEIRA, Carlos M.;

CANÇADO, Wellington; MARQUEZ, Renata; CAMPOS, Alexandre (org.). *Espaços colaterais*. Belo Horizonte, Instituto Cidades Criativas, 2008, p. 61-78; TEIXEIRA, Carlos M. Amnésias Topográficas. *30-60 Cuadernos Latinoamericanos de Arquitectura: paisage urbano*, n. 8, Córdoba, 2006, p. 24-31. TEIXEIRA, Carlos M. Topographical Amnesias. *Architexturez*, 29 out. 2003 <architexturez.net/pst/az-cf-27571-1067392411>.

PALAFITAS

BR 2 — PENSAMENTO DA AMÉRICA LATINA — ODE AO VAZIO

PALAFITAS

NOTAS

NA. Fotos do autor, prédios com estrutura em palafitas, Buritis, Belo Horizonte, 2001.

NE. Publicações anteriores: TEIXEIRA, Carlos M. Palafitas Escuras. *Vazio S/A*, Belo Horizonte, <www.vazio.com.br/ensaios/amnesias-topograficas-iv/>; TEIXEIRA, Carlos M. Stilts (dark). *Vazio S/A*, Belo Horizonte <www.vazio.com.br/ensaios/amnesias-topograficas-iv/?lang=en>.

HISTÓRIA DO CORREDOR

O CORREDOR, ESPAÇO QUE SERVE PARA COMUNICAR AMBIENTES, É O PESADELO DOS ARQUITETOS. UMA PLANTA QUE TEM CORREDORES LONGOS É POUCO EFICIENTE. UM PRÉDIO DE ESCRITÓRIO COM MUITA ÁREA DE CIRCULAÇÃO É UM PRÉDIO MAL RESOLVIDO. UM CORREDOR COMPRIDO, ESCURO E DESERTO É CAUSA DE UM 'HORROR VACUI', UM ESPAÇO CLAUSTROFÓBICO, ANÔNIMO, DESCONCERTANTE. MAS UM APARTAMENTO DE MUITOS QUARTOS E SEM CORREDORES É UM APARTAMENTO DE aproveitamento máximo e sem desperdício de área ou, num mundo onde o espaço sempre é mercantilizado, um *bom* apartamento.

Arquitetos do mercado imobiliário sempre lutam contra ele, mas Rafael e todos os arquitetos que viveram antes do século 17 já tinham resolvido essa questão: eles projetavam palácios enormes, de 500, 1000, 5000 m², sem nenhum corredor. Área de circulação: 0%, área útil: 100%. Assim eram as plantas dos palácios renascentistas: uma porta para cada cômodo vizinho, e tanto mais portas melhor.

Conceitos hoje considerados óbvios como conforto e privacidade não estavam naqueles palácios. Para se chegar ao último quarto era preciso passar por todos os outros que o antecediam, fazendo das plantas uma matriz de quartos conectados. Alberti disse que "é conveniente locar as portas de modo que elas liguem o maior número possível de partes de um edifício", o que prova que essa solução, menos que impensada, tinha suporte teórico de um grande intelectual também renascentista. Poderíamos assim chegar a um cômodo determinado por vários trajetos, já que tudo era permeável aos inúmeros membros da família, aos empregados e aos visitantes, todos eles obrigados a entrar nos outros cômodos que estavam no meio de seu caminho. As portas deveriam estar alinhadas (*enfilade*) para

que fosse possível a visão ininterrupta de um lado da casa ao outro, e isso era sinônimo de bom projeto arquitetônico.

AO FACILITAR A COMUNICAÇÃO ENTRE QUARTOS E PERMITIR O TRÂNSITO INDEPENDENTE PELA CASA, O CORREDOR, UM DISTRIBUIDOR DE MOVIMENTOS QUE APARECEU POR VOLTA DO SÉCULO 17, SEPAROU AS PESSOAS E PASSOU EXPRESSAR A IDEIA DE PRIVACIDADE.

A partir daí aquele que entra sem pedir licença poderia estar invadindo o espaço do outro, confirmando o quanto o corredor foi importante para o uso individual e recluso do quarto.

Ao contrário de tudo que define uma casa – a sala, o quarto, a cozinha – o corredor é o indutor de uma atividade bem específica – circular, e sua especificidade é que o leva a ser considerado um desperdício de espaço: o lugar que deve sempre permanecer vazio; um vazio indesejado, porém inevitável. Poucos espaços são tão desconfortáveis quanto o corredor do Edifício JK, um típico conjunto residencial onde não foi possível resolver o problema do corredor. Como um *horror vacui* da arquitetura, esses locais sufocantes são quase que a materialização espacial da claustrofobia; um paradoxo onde a ausência de eventos, a falta de coisas e o excesso de perspectiva geram um horror ao vazio.

O inglês Robin Evans, um dos poucos críticos que atentaram para o modo de ocupar a casa ao longo dos tempos, considera o corredor um lugar do evento desimportante (de fato, ninguém se lembra do tempo que já passou no corredor). Mas se olharmos o corredor mais que um vazio permanente, podemos considerá-lo como algo tão sujeito a outros usos quanto outros lugares da casa. Um quarto pode virar uma sala, uma sala pode virar um escritório, um banheiro pode virar uma estufa. E um corredor, esse distanciador de pessoas para Robin Evans, pode reaproximá-las.

Antes, os cômodos eram polivalentes; nunca monofuncionais. Para os aristocratas do período barroco, o banheiro deveria ir a eles, e não o contrário. Não havia banheiros em Versalhes, e certo era que os criados deveriam trazer uma latrina móvel para os quartos, ou *cadeira de retrete* que, logo depois de usada, era recolhida pelos criados. Nas casas dos plebeus, tudo podia mudar de função do dia para noite: de dia, escritório ou oficina; de noite, o quarto da família.

As coisas foram mudando, e a especificação contínua das plantas culminou com a máxima "a forma segue a função" da arquitetura moderna, o corredor sendo o mais funcional dos espaços arquitetônicos.

E TUDO PASSOU A SER MAIS PREVISÍVEL: AQUI, DORMIR; ALI, JANTAR; LÁ, TRABALHAR; AÍ, CIRCULAR. SE HOJE ESSA SEPARAÇÃO DE ATIVIDADES É POSSÍVEL MESMO EM APARTAMENTOS POPULARES, ANTES ELA NÃO OCORRIA NEM MESMO NOS 'CHATEAUX', NOS 'PALAZZI', NAS 'VILLAS'.

Uma das interpretações do *horror vacui* é a compulsão para ocupar todos os espaços como reação ao medo do vazio. Como o escultor Arman fazia em suas instalações, como o gravador renascentista Jean Duvet fazia em suas gravuras, como os egípcios escreviam seus hieróglifos: sem espaços brancos na tela ou na estela ou na sala da galeria.

NOTA

NA. Fotos do autor, corredores do edifício JK, Oscar Niemeyer, Belo Horizonte, 2009.

NE. Texto escrito originalmente em 2009. Publicações anteriores: TEIXEIRA, Carlos M. História do corredor. In TEIXEIRA, Carlos M. *Entre*. Belo Horizonte, Instituto Cidades Criativas, 2010, p. 214-235; TEIXEIRA, Carlos M. History of the Corridor. In TEIXEIRA, Carlos M. *Entre: Architecture From the Performing Arts*. London, Artifice, 2012, p. 184-209; TEIXEIRA, Carlos M. História do corredor. *Drops*, São Paulo, n. 054.02, Vitruvius, mar. 2012 <www.vitruvius.com.br/revistas/read/drops/12.054/4227>; TEIXEIRA, Carlos M. História do corredor. *Archdaily Brasil*, 13 jun. 2013 <www.archdaily.com.br/br/01-119090/historia-do-corredo-slash-carlos-m-teixeira>; TEIXEIRA, Carlos M. História do corredor. *Vazio S/A*, Belo Horizonte <www.vazio.com.br/ensaios/historia-do-corredor/>; TEIXEIRA, Carlos M. History of the Corridor. *Vazio S/A*, Belo Horizonte <www.vazio.com.br/ensaios/historia-do-corredor/?lang=en>.

BR 2 — PENSAMENTO DA AMÉRICA LATINA — ODE AO VAZIO

ALPHAVILLE E 'ALPHAVILLE'

O condomínio Alphaville São Paulo foi lançado em 1974 nos municípios de Barueri e Santana, a cerca de 30 km da região dos Jardins, em São Paulo, e é hoje uma comunidade de 30.000 habitantes espalhados em 15 residenciais. Em 1997 a receita foi levada para Campinas; em 1998, para Belo Horizonte; e em 2000, para Curitiba. Goiânia, Salvador, e Sintra, em Portugal, também terão um Alphaville em breve.

O nome é uma citação não intencional (ou uma *contraposição*, nas palavras dos empreendedores) do filme homônimo de Jean-Luc Godard, lançado no auge da carreira do diretor (*Alphaville*, França, 1965). A Alphaville de Godard é uma comunidade dominada por um computador, Alpha-60, que controla todos os acontecimentos e toda liberdade de expressão de seus habitantes. Alphaville só existe à noite. Lá, a palavra *bíblia* quer dizer *dicionário*, e neste *dicionário* palavras como *livre* e *consciência* não existem. No Centro, há um enorme prédio modernista de vidro e concreto que tem corredores super compridos e cheios de portas, e é nele onde está instalado o super computador Alpha-60. Todos os homens usam ternos, não há artistas e todo *comportamento ilógico*, como chorar ou gritar, foi proibido. As mulheres são como gueixas japonesas treinadas para agradar e dizem *obrigado, de nada* sem parar. Tudo na cidade é chato e controlado: a arquitetura, as pessoas, as ruas, o Alpha-60 e o próprio filme.

Há poucos anos um filme menos pretensioso, mas carregado de metáforas, foi lançado pela Paramount Pictures, *O Show de Truman: O Show da Vida* (*The Truman Show*, EUA, 1998). Truman Burbank vive uma existência tranquila e ideal. Ele é casado, tem um bom emprego numa seguradora, um carro e uma casa em estilo vitoriano. O que ele não sabe é que sua vida é um interminável filme transmitido 24 horas por dia e 365 dias por ano, sempre orquestrado por um Big Brother de nome Cristof em um ambiente totalmente simulado para um programa de televisão. No rádio do carro de Truman há uma câmara; no retrovisor, outra; no espelho de seu banheiro, mais uma; e assim por diante. Toda a privacidade de Truman é vendida para uma rede de TV produzir um programa que fatura, segundo o roteiro do filme, mais que o PIB de países pequenos. Sátira do poder da mídia e da vida nos subúrbios dos Estados Unidos, *O Show de Truman* se passa na imaginária cidade de Seaheaven, cheia de alegres casas de madeira, jardins parecidos e bem cuidados e onde também estão 5.000 câmaras de vídeo camufladas voltadas para Truman. Todos os habitantes na verdade são atores. As ruas são estreitas e fazem curvas suaves, as árvores não são nem muito grandes nem muito pequenas, as cores das fachadas apresentam educados tons pastéis, e tudo parece estar na mais harmoniosa felicidade americana.

**ALPHAVILLE
E 'ALPHAVILLE'**

**AS COISAS SÃO PERFEITAS A PONTO DE SE
PARECEREM COM UM ENORME CENÁRIO ONDE
SE DESENROLA A VIDA DE TRUMAN, MAS O
FILME NA VERDADE FOI TODO RODADO NO
CONDOMÍNIO DE FÉRIAS SEASIDE, SITUADO NA
COSTA DA FLÓRIDA E PROJETADO EM 1982 POR
UM CASAL DE ARQUITETOS DE MIAMI.**

O plano diretor da dupla ditava regras gerais para as proporções das casas, materiais admissíveis, determinava a posição e o estilo dos elementos arquitetônicos (como pórticos na entrada, janelas altas e estreitas), etc. Depois de alcançar estrondoso sucesso comercial, Seaside tornou-se o ícone do novo urbanismo, que semelha o subúrbio americano convencional, porém com usos mistos e densidade mais alta (usos residencial, comercial, etc., misturados em lotes menores e em quadras próximas), além de estar bem isolado dos outros condomínios. Em 1997, foi a vez da Disney Corporation inaugurar um condomínio na Flórida, Celebration. Dimensionado para 20 mil habitantes, já contava há pouco com cerca de 500 famílias que moram como em qualquer outro parque de diversões da Disney. Tudo aqui foi cuidadosamente projetado para a satisfação dos visitantes (ou, no caso, moradores), inclusive o script de todos os atores (ou, no caso, moradores). Os profissionais liberais que vão aos poucos mudando-se para Celebration não podem sequer alterar os jardins de suas casas e abrem mão da liberdade em nome da promessa de felicidade, de segurança e do mundo encantado da Disneylândia.

Segundo seus defensores, condomínios desse tipo estariam promovendo mais interações de vizinhança (ao misturar usos) e diminuindo a histórica dependência do automóvel nos EUA (ao diminuir as viagens casa-trabalho). Outra defesa convincente dos novos urbanistas é o fato de que o aumento de densidade nos subúrbios protege áreas cultivadas e reservas naturais da ameaça que tem sido o modelo suburbano americano, de densidade mais baixa e sempre só com uso residencial. Por outro lado, o novo urbanismo está associado ao aumento significativo do número de condomínios fechados e policiados, ao conservadorismo estilístico, ao analfabetismo político e uma imagem geral de intolerância, além de se dirigir apenas à classe média branca norte-americana, deixando de fora os sempre excluídos naquele país.

Todos estes prós e contras são verdade. Mas a mais interessante análise sobre Seaside já foi feita pelo cinema, restando pouco a complementar. Seaside e Alphavilles são condomínios modelos desnudados pelo *Show de Truman*, o show que mostra o futuro e o presente das classes afluentes. O cinema monta cenários que nos remetem à realidade, mas em Seaside a realidade de um condomínio é que virou o cenário de um filme. E não só no condomínio real esses conceitos se confundem. Como notou o crítico Luis Fernández-Galiano, o próprio nome da personagem denuncia a mistura confusa entre realidade e ficção: *o homem de verdade* – Truman ou *true man* – tem o cínico sobrenome de Burbank, no Vale de São Fernando, onde estão os maiores estúdios de cinema e televisão de Los Angeles: The Burbank Studios, da Warner Bros. e Columbia Pictures; o Universal Studios, cuja visita é uma das principais atrações de Los Angeles; e os Studios Disney.

COMO NAS FICÇÕES ONDE FANTASIA E PESADELO SE CONFUNDEM, COMO NO PRAZER DE SER CONTROLADO AO INVÉS DE PARTICIPAR DE DECISÕES, COMO NUM MUNDO SURREAL DE PRISIONEIROS VOLUNTÁRIOS QUE PREFEREM NÃO ENXERGAR A PORTA DE SAÍDA.

A Seaside de Truman e os Alphavilles são cenários frágeis que foram erguidos sobre a dureza da realidade. São os condomínios da Barra da Tijuca, é uma propaganda de duas páginas no caderno de anúncios, é o reduto dos auto-exilados que nunca se sentem exilados o bastante.

"Os ingleses construíram, os americanos projetaram, e você vai comprar", dizia o folheto promocional de Alphaville Lagoa dos Ingleses, em Belo Horizonte, projetado pelo escritório californiano SWA Group. Talvez essa admiração tão caipira pelos modelos americanos e essa apatia geral seriam o pesadelo que Godard filmaria se *Alphaville*, o filme, fosse refeito hoje. Em 1965 – tempos bem menos frouxos e mais revoltos que este nosso – o alvo preferido dos críticos de arquitetura eram os edifícios de escritório monótonos que negavam qualquer herança histórica. Hoje, aquela paisagem de prédios inexpressivos do filme *Alphaville* está sendo substituída por outro pavor: o historicismo banal dos condomínios de arquitetura americanizada que são regidos por Alphas-60 e Cristofs cada vez mais invisíveis.

Quando lançado, Alphaville Lagoa dos Ingleses foi um sucesso comercial estrondoso: todos os 1.500 lotes vendidos em dois dias. Mas não deixa de ser irônico que até o momento quase não se vê casas em construção em seus lotes residenciais.

NOTAS

NA. Foto do autor, Alphaville, 2001.

NE. Texto escrito originalmente em 2001. Publicações anteriores: TEIXEIRA, Carlos M. Alphaville e 'Alphaville'. *Vazio S/A*, Belo Horizonte, 12 jan. 2002 <www.vazio.com.br/ensaio/alphaville-e-alphaville/>; TEIXEIRA, Carlos M. Alphaville and 'Alphaville'. *Vazio S/A*, Belo Horizonte, 12 jan. 2002 <www.vazio.com.br/ensaio/alphaville-e-alphaville/?lang=en>; TEIXEIRA, Carlos M. Alphaville e 'Alphaville'. *Arquitextos*, São Paulo, n. 021.02, Vitruvius, fev. 2002 <www.vitruvius.com.br/revistas/read/arquitextos/02.021/808>; TEIXEIRA, Carlos M. Alphaville e 'Alphaville'. *Estado de Minas*, Caderno Pensar, Belo Horizonte, 07 jul. 2003, p. 3; TEIXEIRA, Carlos M. Alphaville e 'Alphaville'. In TEIXEIRA, Carlos M. *O condomínio absoluto*. Belo Horizonte, Editora C/ Arte, 2009, p. 156-161.

BR	PENSAMENTO	
2	DA AMÉRICA LATINA	ODE AO VAZIO

AVESSO EXPOSTO

BR	PENSAMENTO	
2	DA AMÉRICA LATINA	ODE AO VAZIO

A avenida Antônio Carlos, em Belo Horizonte, teve seu número de pistas duplicado recentemente. galpões, oficinas, barracões e casas foram demolidos para capacitá-la para o futuro "sistema de transporte rápido por ônibus", ou BRT. Após a demolição das construções anônimas que antes a confinavam, a avenida hoje revela um desfile de tipologias bizarras; restos, sobras e acidentes que, antes escondidos, hoje desfilam com um destaque impensado. A duplicação fez o avesso virar frente e expôs o medíocre atrás do medíocre; obra como que revelação de uma sucessão de acidentes sobrepostos, cada qual ainda mais catastrófico que o anterior.

NOTA

NA. Fotos do autor, *fachadas* da nova avenida Presidente Antônio Carlos após sua remodelação, Belo Horizonte, 2012.

NE. Texto escrito originalmente em 2012. Publicações anteriores: TEIXEIRA, Carlos M. Avesso exposto. *Facta*, n. 1, Belo Horizonte, 2012, p.68-75; TEIXEIRA, Carlos M. Avesso exposto. *Vazio S/A*, Belo Horizonte <www.vazio.com.br/ensaios/avesso-exposto-2/>; TEIXEIRA, Carlos M. Exposed Inside Out. *Vazio S/A*, Belo Horizonte <www.vazio.com.br/ensaios/avesso-exposto-2/?lang=en>.

PROJETO JARI

Era uma vez o homem mais rico dos Estados Unidos, Daniel K. Ludwig. Era o maior armador do mundo, tinha minas de ferro na Austrália e de carvão na África do Sul, quarteirões em Nova York, uma rede de hotéis no Caribe, uma cidade na Califórnia e, segundo um jornalista brasileiro, "não tinha mulher nem filhos, não ria, detestava políticos e impostos, tomava vodca com leite e voava de classe econômica".

Em 1967, Ludwig provavelmente não tinha ouvido falar nas ideias do grupo Archigram quando resolveu construir uma fábrica de celulose flutuante que poderia levar para qualquer país. Mega empresa de exploração, seu Projeto Jari foi iniciado naquele ano, pouco antes da publicação do boletim *Archigram* 8 que incluía a *Instant City* de Ron Herron.

O bilionário, segundo uma simplificação do mesmo jornalista, acreditava que a "alfabetização dos miseráveis do terceiro mundo levaria a um brutal aumento da demanda de papel". Os preços da celulose na década de 60 não eram atraentes em nenhum lugar do mundo, mas num prazo de 20 ou 30 anos as reservas das florestas tropicais estariam quase todas extintas. Acreditando no mercado futuro de celulose, o empresário compraria uma imensa fábrica e a montaria sobre uma plataforma construída em estaleiros do Japão. A plataforma navegaria meio mundo e seria atracada dentro de uma área comprada de proprietários portugueses, totalizando 1,6 milhões de hectares no estado do Amapá à margem do rio Jari, comparável ao estado de Sergipe ou à Bélgica.

Antes de ser instalada, a fábrica de celulose precisava de madeira. Ludwig pôs-se então a pensar em qual árvore plantaria. Agrupou biólogos e agrônomos experts em culturas tropicais e despachou-os para a Ásia, África e América do Sul. Breve, um botânico holandês membro do grupo apareceu com a ideia da *Gmelina arborea*. Apesar da planta ser de origem asiática, tinha-a encontrado na Nigéria, onde estava sendo usada no trabalho de contenção de encostas em áreas de minerações.

Com a gmelina, D. K. pensava ter descoberto o *ouro verde*: além de sua resistência e durabilidade, sua notável característica era a velocidade de crescimento. Em condições ideais, a árvore crescia à taxa de 30 centímetros por mês, possibilitando cortes com a idade de apenas seis anos (o que na verdade não seria tão mais rápido que os sete anos para os eucaliptos plantados hoje no sudeste do Brasil). Depois de realizar experimentos em outros países, outros climas e outros solos sob orientação de sua equipe, Daniel ficou convicto de que a árvore certa era mesmo esta, apesar dos alertas de alguns ambientalistas quanto à sua adaptabilidade ao ecossistema da floresta amazônica.

PROJETO JARI

O projeto previa inicialmente a própria Nigéria como local ideal. Terra virgem, barata, abundância de sol para que a árvore crescesse rápido, fácil acesso e escoamento, e um regime político capaz de dar incentivos fiscais e conter qualquer convulsão social – uma ditadura. No início do projeto, o Brasil estava em segundo plano por seu regime de centro-esquerda de João Goulart, mas uma inesperada guerra civil de separatistas de Biafra, na Nigéria, e o golpe militar de 1964, no Brasil, inverteram essa situação e levaram Daniel a optar por instalar o projeto na Amazônia.

Contatos com os militares brasileiros não foram tão simples, mas tampouco estes constituíram um empecilho. Daniel pagou pífios US$ 3 milhões pela área de 1,6 milhões de hectares, com média de menos de dois dólares por hectare. Mesmo sem apoio institucional, já em 1967 tudo estava pronto para o início das atividades, quando 18 tratores foram enviados para *limpar* a área. D. K. contratou um engenheiro de nome Rodolfo Dourado, que mais tarde fundaria e construiria a cidade dos trabalhadores, Monte Dourado, para coordenar o trabalho e preparar a terra para a plantação das gmelinas. Algumas das espécies nativas derrubadas foram empregadas na construção de casas e edificações comunitárias de Monte Dourado, mas quase toda a mata foi empilhada e queimada. A riqueza e diversidade da fauna e flora irritavam os engenheiros do

Jari: a paixão pelo ângulo de 90° e a compulsão pela malha em xadrez de gmelinas ditavam o futuro da área.

Mas Daniel, empreendedor que assumia riscos muito mais que poucos, desta vez veria a floresta detonar o início de seus planos: ao arrancar a camada de húmus, os *caterpillars* não deixaram nada de bom para trás, já que grande parte do solo da Amazônia é, *per se*, pobre e inaproveitável para a plantação. Depois desse estrago irreparável, estudos feitos pela mesma equipe de Ludwig concluíram que a melhor maneira de derrubar as árvores nativas seria manualmente, com serra elétrica, o que aumentaria os custos extraordinariamente, mas ao menos deixaria a preciosa camada de húmus menos alterada e não compactaria o subsolo.

O empobrecimento da terra ficou mais evidente com a nova vegetação, monocultura de uma planta estranha à região. A gmelina cresce espantosamente rápido em solos graníticos ou calcários, mas não em solos arenosos, como é o caso da parte sul do Jari. Com o prospecto de rendimento muito aquém do esperado, mais pesquisas foram feitas para tentar aproveitar a área inundável do Jari. Na época, pesquisadores filipinos do instituto International Rice Research Institute – IRRI, bancados pela Ford Foundation, estavam desenvolvendo estudos para otimizar a produção do arroz. Eles foram consultados, mas isso não impediu que Daniel incorresse em outros erros que afundariam mais ainda seu projeto.

PROJETO JARI

Quase todas as etapas da nova plantação seriam feitas com aviões. Primeiro, diques foram construídos ao longo das margens para que a água fosse mantida a um nível de dez centímetros. A obra desses diques e dos canais foi iniciada com o emprego de máquinas montadas nos EUA, as *Jeet*. Testado em solos norte-americanos, o equipamento tinha produção espantosa. Nos solos argilosos do Jari, porém, ele não apresentou a mesma performance e por isso teve de ser abandonado. A construção dos diques e canais passou então a ser feita pelos bons e velhos tratores D-8, com as *bucyrus* de lança produzindo 300 metros de diques em 24 horas de serviço.

Com os diques prontos, monomotores decolariam de campos de pouso construídos nas redondezas para espalhar as sementes – seguidos de voos para fertilizantes, herbicidas e inseticidas no ritmo e tempo adequados. Tudo isso seria feito com o avião agrícola *Ipanema BEM 201A*, sendo que as sementes eram lançadas pré-germinadas (previamente colocadas n'água em sacos de 60 kg e depois cobertas com encerrado). Só a colheita seria feita em solo, realizada mecanicamente após a maturação do grão, o que ocorre em média 120 dias após o plantio. E depois seriam empregadas colhedeiras combinadas e graneleiros para transporte do local da colheita até as estradas construídas por Daniel.

Assim como a árvore, o arroz não deu muito certo. Os conselhos dos pesquisadores filipinos e dos fazendeiros americanos se apoiavam por demais em químicos. Durante a época de ataque mais forte de insetos, eram necessários até duzentos voos por dia para espargir pesticidas tóxicos. Apesar de isso causar um enorme prejuízo para a população de aves e peixes, os mosquitos rapidamente se tornavam imunes; e consequentemente cada vez maior era o número de voos para matar as pragas. Como se não bastasse, a produtividade do arroz estava se mostrando insatisfatória com todos esses esforços. Chamaram os técnicos do IRRI de novo, e então veio o veredicto e o medicamento: o solo da Amazônia era deficiente em ácido sulfúrico. Uma vez esse problema corrigido com a aplicação de sulfato de amoníaco, a colheita subiria 250%. Animado, Ludwig aumentou ainda mais a área da plantação, partiu para a criação de gado e descobriu que seu terreno incluía uma das maiores reservas do mundo de caulim, uma argila nobre usada para a confecção de cerâmica, remédios, impressão em papéis, etc.

Quando tudo parecia estar um pouco melhor apareceram então os primeiros problemas com o governo brasileiro. Acusavam-no de ser uma espécie de *imperador* de um pedaço da Amazônia. Obrigavam-no a comprar os aviões agrícolas brasileiros e diziam que a proximidade com a fronteira tornava o Jari uma ameaça à soberania brasileira (apesar do Jari estar tão próximo de uma fronteira quanto Florianópolis). Questionavam a isenção de taxas para uma empresa que sequer tinha uma filial no Brasil, e começavam as denúncias de que o Jari nunca seria mais que um gigantesco desperdício de dinheiro e um antimodelo de desenvolvimento para a Amazônia.

(Com o Jari, apareceram várias cidades. Uma era a cidade de Monte Dourado, planejada pelo engenheiro Rodolfo Dourado; as outras eram as *cidades livres* de Beiradão e Beiradinho: favelas palafitadas de trabalhadores não contemplados no *plano de habitação* do projeto. Monte Dourado tinha ruas largas, empregados e terra vermelha sem as árvores da floresta. Beiradão e Beiradinho não tinham ruas, nem esgoto, nem escolas, mas tinham o rio, desempregados, subempregados, jogadores e prostitutas bem em frente à fábrica – mas longe da jornada de trabalho de 10 horas e meia do Jari. Ironicamente, essas cidades livres viraram motivo de artigos críticos na imprensa do Brasil, país onde todas as cidades são tradicionalmente divididas em partes *livres* e *guardadas*).

Havia, entretanto, uma grande precaução com relação a problemas com o governo e a opinião pública. O desenvolvimento industrial em países de economia e regimes políticos imprevisíveis como o Brasil poderia ser acompanhado de formas flexíveis de gerenciar as coisas, como por exemplo construir as fábricas como estruturas flutuantes para instalá-las onde for mais conveniente.

Tudo a fazer assim é encontrar uma outra fonte de energia, contratar mão-de-obra barata... e partir para outro terceiro mundo.

Na medida em que as plantações de gmelina se aproximavam da idade do corte, Daniel administrava a construção da fábrica e da usina. As duas estruturas foram montadas em Kure, no Japão. Vinte empresas japonesas e várias outras americanas e europeias estavam envolvidas na montagem das duas embarcações, cada uma com a área de dois campos de futebol e meio e com altura de um prédio de vinte andares. (E estas seriam apenas as primeiras. Mais duas, para transportar uma fabrica de compensado e outra de papel de imprensa, seriam montadas em 1984).

NO DIA PRIMEIRO DE FEVEREIRO DE 1978, SOB O CÉU AZUL DO MAR DO JAPÃO, TUDO ESTAVA PRONTO PARA ZARPAR. A VIAGEM SE ESTENDERIA POR 15.500 MILHAS, MAIS DO QUE METADE DA CIRCUNFERÊNCIA DO GLOBO.

Se a rota escolhida não era a mais curta, era a mais barata. O canal do Panamá não comportaria embarcações daquelas dimensões (240 x 50m), e os preços do canal de Suez tinham sido elevados a níveis antieconômicos na analise de Ludwig. Pela alternativa escolhida, ambas as gigantescas estruturas teriam que vencer o

Cabo da Boa Esperança, região que desde os tempos do caminho das Índias tem sido um estorvo para qualquer navegador. Meteorologistas previam ali uma calmaria de duas semanas no mês de março daquele ano, daí a escolha por zarpar em fevereiro para que a usina pegasse o Cabo em estação tranquila. Depois de passar a leste de Formosa, pelas Filipinas e entre as ilhas de Sumatra e Java com tranquilidade, imprevistos no Cabo atrasaram o cronograma da viagem, já que as previsões não foram tão precisas. Perdeu-se tempo, o mar revolto fez reduzir a performance da primeira plataforma, enormes ondas rebatiam nas alturas das caldeiras, mas poucas semanas depois a jamanta estava navegando boca do Amazonas adentro. Contornando a ilha de Marajó, virou à direita, ziguezagueando pelos meandros do Jari para encontrar, quilômetros adiante, a cidade de Munguba no dia 28 de abril.

A embarcação irmã zarpou nove dias depois. Por ter encontrado melhores condições climáticas no Cabo, a chegada da fábrica aconteceu quatro dias depois da usina, fato que exigiu jornadas de trabalho ininterruptas na acomodação da usina em tempo de quatro dias, seguidos de mais três para atracar a fábrica. Depois de uma semana de exaustivos esforços, tudo estava pronto. Os trabalhadores estavam todos mortos de cansaço. Um trabalhador morreu na operação, mas os dois navios estavam agora um ao lado do outro perfeitamente atracados no meio da selva, esperando serem conectados operacionalmente para começar suas atividades.

A maior planta industrial jamais movida pela superfície da Terra funcionaria como a Torre de Babel. Os trabalhadores estavam divididos assim: de branco, engenheiros japoneses da Ishikawajima-Harima Heavy Insdustries – IHI, empresa que desenhou e construiu a fábrica em Kure. De azul, engenheiros da Finlândia, experts em produção de celulose. De verde, engenheiros brasileiros recrutados no Sudeste. E de laranja, o resto do mundo (menos os também numerosos chilenos, mas não se sabe qual cor vestiam). Assim, a comunidade internacional do Jari (United Colours of Benetton!) finalmente estava preparada para produzir e amortecer os enormes investimentos despendidos ao longo de onze anos. Ou não?

Na hora da colheita da gmelina, a constatação: a árvore estava mesmo apresentando rendimento muito abaixo do que queria Daniel. Gmelinas rendiam apenas cerca de 17 m^3/ha/ano, contra os humilhantes 50 m^3/ha/ano dos eucaliptos plantados no sul da Bahia. Como o solo do Jari não era o melhor, a alternativa para alcançar a produção necessária foi derrubar mais arvores nativas – desta vez não para ceder espaço para gmelinas, e sim para aumentar a quantidade de matéria prima para alimentar a fábrica. Paradoxalmente, depois de uma década ignorando e queimando madeira nativa, árvores amazonenses agora eram misturadas com gmelinas a uma proporção de 1:4 com o intuito de que a produção da fábrica ficasse perto de sua capacidade total de processamento.

A essa altura, os problemas do projeto já eram do conhecimento do governo e sociedade brasileiros. Ludwig, que teria demitido trinta diretores do Jari em treze anos, agora acusava o governo do Brasil como o responsável pelo fiasco. Em 1980, soldados foram enviados para impedir que trabalhadores de D.K. cortassem árvores em área que extrapolava os limites do Jari, tornando assim explícitas as divergências entre o empresário e o governo.

Em maio de 1981, Daniel oficialmente desistiu. Ditou uma carta de dezessete páginas para o então presidente João Baptista Figueiredo, o último dos milicos, pedindo US$ 6 milhões por ano para a prestação de serviços sociais e infraestrutura. Caso não fosse atendido, ele interromperia o projeto e despediria todos os seus empregados. O presidente não respondeu. Irritado, D. K. colocou o Jari à venda e em 1982 um consórcio de empresários brasileiros, articulados pelo então ministro do planejamento Delfin Netto, comprou o projeto por menos de um terço da quantia investida por Ludwig, que ultrapassara a marca de um bilhão de dólares (cifra não atualizada). Essa *pechincha*, entretanto, não situava a negociação como boa, já que o futuro do Jari hoje está cada vez mais incerto, apesar de algumas melhorias vindas logo após a venda.

PROJETO JARI

Como usual, a bomba acabou explodindo nas mãos do Estado. Os empresários exigiam do governo o que Daniel sempre exigira: investimento em infraestrutura em nome do *desenvolvimento social* da região. O BNDES assumiu a dívida da fábrica e da usina, enquanto o Banco do Brasil assumiu uma outra dívida de US$ 180 milhões. Pelo contrato, 5% dos dividendos do Jari seriam destinados a Ludwig de 1987 a 1996; 4% no período 1997-2006; e 3% nos outros vinte anos do contrato (o que hoje talvez funcione como verba mantenedora do Instituto Ludwig de Pesquisas Contra o Câncer, fundado pelo mesmo na Suíça, em 1971). O grupo Caemi, principal empresa privada que assumiu então 40% das ações do Jari, transferiu sua parte para o grupo Orsa em 1997. Em 2000, o grupo Saga Holding assumiu o negócio por apenas US$ 1 milhão – e mais uma dívida de US$ 450 milhões. Nos próximos dez anos 80% dos eventuais lucros serão destinados aos credores, entre eles 18 bancos. Hoje, a empresa Jarcel Celulose é responsável por apenas 3.000 empregos diretos e indiretos na região, contra os 30.000 empregos diretos da época áurea da Jari Florestal e Agropecuária. Desempregados agora são a maioria da população de Beiradão. Sérgio Amoroso, controlador da Saga Holding, disse recentemente em reportagem do jornal *O Estado de São Paulo* que o futuro do Jari está no manejo sustentável e no ecoturismo...

Operação espetacular, o Jari não foi a primeira aventura desse tipo. Em 1927, Henry Ford comprou cerca de um milhão de hectares na selva, junto ao rio Tapajós, e iniciou uma gigantesca plantação de borracha. Ford tinha problemas com os fornecedores de borracha do extremo oriente, que limitavam a produção para manter os preços sempre altos. Resolveu então criar sua própria fonte, comprando uma frota de 199 navios para transportar suprimentos e materiais para a Amazônia e levar borracha na volta. Para seus cinco mil operários, construiu casas, hospitais, estradas, rede de esgoto e água, escolas, creches e igrejas. A cidade da borracha recebeu o nome de Fordlândia.

FORDLÂNDIA DUROU DEZOITO ANOS. HENRY FORD, A ESSÊNCIA DO CAPITALISMO MODERNO, FOI DERROTADO PELA SELVA: ERROS E AZARES POUCO A POUCO DESTRUÍRAM SEU PROJETO.

Os navios comprados só poderiam navegar pelo Tapajós durante a temporada da cheia. Doenças atacaram os trabalhadores em massa. A monocultura foi praguejada por lagartas em 1942, e outros problemas ligados à vulnerabilidade das monoculturas de grande escala na região tornaram a produtividade da árvore constantemente aquém da imaginada. Depois da Segunda Guerra, os preços da borracha no mercado oriental caíram, e não muito tempo depois o mercado foi invadido pela borracha sintética.

Alguns dos erros cometidos por Ford foram repetidos por Ludwig: falta de estudos sobre as peculiaridades da Amazônia, excesso de otimismo, super confiança no poder da máquina e desprezo pelas forças naturais. Na verdade, talvez Ludwig não tivesse a intenção de relocar sua fábrica em outro local. Talvez imaginasse que os custos da infraestrutura demandada fossem menores, e que para isso receberia alguma ajuda do governo brasileiro. Ou talvez o projeto estivesse sendo considerado como uma *obra pessoal* de proporções estatais, um gesto irracional de pesquisa empírica, uma demonstração obsessiva de que a selva poderia, sim, ser aproveitada economicamente. No final, a poética imagem de uma gigantesca usina cruzando os oceanos em busca de madeira é o oposto de tudo que o projeto foi: um empreendimento fixo, extremamente dependente das condições do local onde foi implantado. Tudo o que o Jari poderia ser: uma fábrica móvel que pudesse ativar ou desativar a exploração de um lugar de maneira oportunista, imediatista e eventualmente passageira. Buscando o *melhor* país, o melhor solo, os políticos menos encrenqueiros e os mais baratos trabalhadores.

Décadas depois dessa crônica de uma morte anunciada, talvez seja justamente essa mobilidade da usina flutuante o elemento do Projeto que poderia ser reaproveitado nos dias de hoje.

A imagem imediata de uma sociedade sustentável pode ser a de um *veleiro sofisticado*. Nada está mais distante disso que a plataforma de 240 x 50m transportada do Japão até o Jari por Ludwig (e tampouco os petroleiros de sua Universe Tankships Co.). Um veleiro navega de acordo com recursos naturais, ao sabor

da velocidade do vento e das correntes marítimas, adaptando-se a todo o momento às energias que o movem. Mas será que essas mesmas energias, tão cultuadas no mundo atual, poderiam virar o programa daquela mesma usina flutuante – poluidora, obsoleta e moribunda – que marcou a história do Jari? Será que essa plataforma, esse câncer da Amazônia, poderá regenerar-se e então se transformar num exemplo visionário de exploração das florestas, onde baixas emissões de CO_2 estariam associadas ao que há de mais avançado em tecnologia de energias renováveis?

NOTAS

NA. Fotomontagens realizadas por Vazio S.A. Rio Jari, Amapá, 2001.

NE. Texto originalmente escrito em 2001. Publicações anteriores: TEIXEIRA, Carlos M. 1968-2008: do Projeto Jari ao Protocolo de Kyoto. *Arquitextos*, São Paulo, n. 023.01, Vitruvius, abr. 2002 <www.vitruvius.com.br/revistas/read/arquitextos/02.023/787>; TEIXEIRA, Carlos M. A paisagem do Protocolo de Kyoto. *Vazio S/A*, Belo Horizonte, 12 set. 2001 <www.vazio.com.br/ensaio/a-paisagem-do-protocolo-de-kyoto/>; TEIXEIRA, Carlos M. The Kyoto Protocol landscape. *Vazio S/A*, Belo Horizonte, 12 set. 2001 <www.vazio.com.br/ensaio/a-paisagem-do-protocolo-de-kyoto/?lang=en>; TEIXEIRA, Carlos M. The Kyoto Protocol landscape. In LIU, Yu-Tung (org.). *Defining Digital Architecture*. 2001 FEIDAD Award. Basel, Birkhäuser, 2002, p.25-127.

BR	PENSAMENTO	
2	DA AMÉRICA LATINA	ODE AO VAZIO

FORDLÂNDIA

CARLOS M. 112
TEIXEIRA **113**

NOTAS

NA. Fotos do autor, Fordlândia, Pará, 2005.

NE. Publicações anteriores: TEIXEIRA, Carlos M. Fordlândia. *Arquiteturismo*, São Paulo, n. 044.02, Vitruvius, out. 2010 <www.vitruvius.com.br/revistas/read/arquiteturismo/04.044/3600>; TEIXEIRA, Carlos M. Fordlândia. *Vazio S/A*, Belo Horizonte <www.vazio.com.br/ensaios/fordlandia/>; TEIXEIRA, Carlos M. Fordland. *Vazio S/A*, Belo Horizonte <www.vazio.com.br/ensaios/fordlandia/?lang=en>.

ARIAÚ
JUNGLE TOWERS

Na década de 1960, um Japão otimista e de cidades extremamente populosas levou certos arquitetos a proporem saídas para a super congestão urbana do país. Projetos de cidades lineares na costa, estruturas flutuantes sobre o mar e edifícios orgânicos que *cresceriam* indefinidamente foram algumas das respostas à falta de espaço das grandes metrópoles. O movimento foi chamado de metabolismo e causou um certo impacto na arquitetura do mundo ocidental, apesar de pouquíssimos terem sido os projetos construídos. Kisho Kurokawa, um dos líderes do grupo, viu seu hotel cápsula virar realidade quando este brotou de um terreno em Ginza, no centro de Tóquio. O prédio mutante tinha a forma de uma torre com uma estrutura localizada no miolo que suportaria inúmeras cápsulas encaixáveis, como num brinquedo LEGO. Assim, o hotel poderia crescer (ou eventualmente diminuir) à medida que a demanda aumentasse sem que isso acarretasse uma ocupação de terreno maior.

Sonhos de arquitetos visionários muitas vezes se tornam pesadelos quando colocados em prática. Kurokawa pensou orgânico porque as grandes cidades exigem formas de ocupação alternativas e flexíveis, mas as megaestruturas que saíram do papel quase sempre resultaram em edifícios-problema. Na verdade, seu hotel cápsula nunca cresceu porque na prática a ideia de um edifício vertical metabolista não funcionou; e hoje, a torre lá está com o número de quartos idêntico ao de quando foi inaugurada, em 1972.

O que não quer dizer que a ideia de uma arquitetura metabolista seja intrinsecamente ruim. Em meados dos anos oitenta, vários *hotéis de selva* começaram a marcar os rios e igarapés próximos de Manaus. Ideais para os ecoturistas, hoje esses hotéis são dezenas, mas o primeiro deles é certamente o mais interessante. Um ex-funcionário do exército resolveu construí-lo num afluente do rio Negro, o rio Ariaú, a 60 quilômetros de Manaus. O hotel recebeu o nome do afluente, acrescido do pomposo sobrenome de Jungle Towers.

A característica metabolista do Ariaú Jungle Twers está na fragmentação dos quartos espalhados pelas diversas torres, que hoje já são mais de dez. O hotel parece estar em crescimento contínuo; novas torres estão sempre sendo adicionadas às torres existentes. Em 1986 eram oito quartos, hoje são 270 e este número poderá chegar a 1.000 em breve. Altíssimas passarelas – que chegam a ter dois ou três níveis – ligam as torres espraiadas sobre a várzea do rio, o que permite uma expansão infinita do número de quartos sem que haja prejuízo para a paisagem geral dos meandros do Ariaú Jungle Towers (rebatizado de Ariaú Amazon Towers). Os visitantes jamais entram em contato com o chão; tudo está suspenso. Piscinas são construídas sobre passarelas, uma grande pirâmide de vidro recebe os hóspedes esotéricos, uma capela de folhas de palmeiras acolhe católicos devotos, um centro de convenções para 600 pessoas e um cyber café atraem o turismo de negócios, e dois heliportos mais um ovniporto aumentam a complexidade espacial da trama de oito quilômetros de passarelas sobre palafitas que terminam, por enquanto, em um *mall* com lojas de coisas ecológicas.

Kyionore Kikutake, um outro arquiteto metabolista, pensou enormes geodésicas de vidro sobre florestas que concentrariam o crescimento da população japonesa em círculos inseridos nas matas, e onde a energia seria renovável, os materiais, recicláveis, as construções obedeceriam a um processo de desmontagem e remontagem onde tudo seria reaproveitado. Seu colega Kenzo Tange projetou uma cidade na baía de Tóquio onde uma *infraestrutura ideal* transformaria os prédios em pontes e viadutos, ligando Tóquio a novos píeres, a prédios flutuantes e a uma fantástica oferta de infraestrutura no meio do mar. Prédios confundiriam-se com o Tokyo Metropolitan Highway, viaduto de 200 quilômetros que serpenteia toda a capital, e a baía seria ocupada por escritórios e apartamentos apoiados em enormes pilotis sobre marinas.

Logicamente, as torres sobre palafitas do Ariaú Jungle Towers em nada se assemelham às construções tecnológicas dos metabolistas. Elas também não imitam as casas dos ribeirinhos amazonenses nem a arquitetura dos paraísos turísticos do Pacífico e muito menos a cafonice americanizada dos cinco estrelas do Nordeste. São enormes cilindros verdes revestidos de uma tela bem tosca que mais parecem grotescos e gigantescos viveiros, mas que estão incrivelmente integrados no meio dos igarapés do rio por meio de uma infraestrutura eficiente, plasticamente expressiva e ironicamente metabolista e biológica, como queriam os japoneses. (Mas alguma coisa emprestada da arquitetura asiática está presente nas torres: talvez as estruturas camufladas da guerra do Vietnã, as torres hindus de Bali em uma versão *militar*, a ponte do rio Kwai, ou nada disso).

Quando ficam velhas, as torres vão sendo abandonadas: uma das primeiras já está desativada por causa das fundações que estariam afundando ou apodrecendo, e parece que existe uma vida útil para as outras – todas estão programadas para serem abandonadas em um determinado prazo. No futuro, dezenas de torres estarão largadas na selva à espera do fim natural das coisas abandonadas, o que só aumentará o caráter metabólico de um hotel de surpreendente arquitetura militar. As quari-quaras afundadas na várzea vão se desintegrando à medida que outras torres vão nascendo junto com mais outros quilômetros de passarelas cada vez mais complexas, transformando o hotel em uma cidade flutuante de torres novas, velhas, moribundas, abandonadas, em construção, por vir.

O esgoto – conta-nos um panfleto do hotel – é tratado e o lixo é reciclado em Manaus. O único resíduo produzido e não tratado é a própria arquitetura, mas tudo indica que o tempo e a selva se encarregarão de transformar a madeira das torres em matéria orgânica, que retornará aos rios, que finalmente alimentarão outras torres. O Ariaú é como a realização – via *tecnologia intermediária* – de um sonho metabolista: mesmo se alcançar a escala de uma verdadeira cidade, parece não correr o risco de virar um pesadelo. De qualquer forma, ainda que que seu futuro seja menos lírico que banal, ainda que o turismo ecológico seja uma moda passageira, e ainda que essa cidade delirante um dia se perca no labirinto de seus próprios escombros, sua arquitetura de origem desconhecida é um alívio para um Sudeste de arquiteturas tão previsíveis.

NOTAS

NA. Fotos do autor, 2005.

NE. Texto escrito originalmente em 2003. Publicações anteriores: TEIXEIRA, Carlos M. Arquitetura viva. *Estado de Minas*, Caderno Pensar, 6 abr. 2002, p. 6; TEIXEIRA, Carlos M. Ariaú Jungle Towers. *Arquitextos*, São Paulo, n. 027.01, Vitruvius, ago. 2002 <www.vitruvius.com.br/revistas/read/arquitextos/03.027/757>; TEIXEIRA, Carlos M. Ariaú Jungle Towers. *Vazio S/A*, Belo Horizonte, 02 jul. 2001 <www.vazio.com.br/ensaio/ariau-jungle-towers/>; TEIXEIRA, Carlos M. Ariaú Jungle Towers. *Vazio S/A*, Belo Horizonte, 02 jul. 2001 <www.vazio.com.br/ensaio/ariau-jungle-towers/?lang=en>.

PAISAGISMO COMO CONFLITO

Paisagismo como conflito busca abrir novas possibilidades para a prática dessa profissão num contexto ao mesmo tempo virgem e vulgar, delicado e grosseiro; e aqui entendido como um conceito elástico, como um termo inclusivista onde todo conflito entre arquitetura e natureza seja, ele mesmo, revelador de outras paisagens. Paisagismo como alteração de uma ordem existente, como revelação de desentendimentos, como denúncia e exaltação, como investigação do espaço impreciso entre valores opostos. A arquitetura e a natureza muitas vezes são vistas separadamente, mas este paisagismo é um esforço para enxergá-los acima de tudo como opostos oportunos, como arritmias para sempre dissonantes, e ao mesmo tempo vê-los em conjunto dado o modo de atuação cada vez mais imbricado entre as disciplinas do desenho (arquitetura, urbanismo e paisagismo).

Paisagismo como um flagrante frio e anti-sentimental de um cataclisma e feito sem denúncias por fazer: ofício cujo resultado não corresponde a leituras do tipo *civilização contra natureza*, que é a mais imediata. Ou seja, um paisagismo que é menos um efeito colateral (ilustração das disfunções do tipo automóvel e congestionamento, alimentos sintéticos e câncer), e mais uma imagem útil para revelar a natureza de forma eloquente. Se a natureza é "um termo indefinidamente mutável, mudando assim como nossa concepção científica do mundo muda, e melhor vista quando significando um contraste com algo que não é considerado parte da natureza", então precisamos de algo que possa ser considerado seu oposto para abordá-la. Por isso as cidades; por isso todo o lado (aparentemente) negativo da arquitetura e do urbanismo; e por isso o desequilíbrio cidade/natureza para enxergarmos no paisagismo um conceito longe dos moralistas que usualmente defendem a natureza frente à arquitetura.

É PROVÁVEL QUE MELHORES FUTUROS DO PAISAGISMO RESIDAM JUSTAMENTE NA PROBLEMATIZAÇÃO DO DIÁLOGO ENTRE ARQUITETURA E NATUREZA – E NÃO NA MERA 'NATURALIZAÇÃO' DA ARQUITETURA.

Paisagismo, então, como a natureza que simplesmente não existe sem a arquitetura, sem seu destruidor, sem seu oposto. Ou que reflita a natureza com seus vazios relutantes, suas resistências e sucumbências, seus atritos entre ocupação e expulsão; algo que sempre está reagindo a provocações externas. Conflitos que geram novas paisagens; a arquitetura sendo um agente provocador de um paisagismo conflituoso por excelência e que celebra a destruição e a reconstrução, nunca a simples conservação. Paisagismo, enfim, como projeto de uma natureza que parece sucumbir, mas que na verdade devolve sua fragilidade para o outro, para o agressor, para o lado que a quer morta.

NOTAS

NA. Foto do autor, 2008.

NE. Texto inédito, escrito originalmente em 2005.

	Teixeira, Carlos
T266o	Ode ao vazio / Carlos Teixeira; organização de: Abilio Guerra, Fernando Luiz Lara e Silvana Romano Santos. -- São Paulo : Romano Guerra ; Austin : Nhamerica, 2017.
	132 p. : il. (Pensamento da América Latina ; 2)
	ISBN: 978-85-88585-57-7 (Romano Guerra)
	ISBN: 978-0-9964051-9-5 (Nhamerica)
	1.Arquitetura brasileira 2.Arte cênica 3.Arquitetura sustentável 4.Projeto de arquitetura I.Guerra, Abilio, org II.Lara, Fernando Luiz, org. III.Santos, Silvana Romano, org. IV.Titulo V.Série
	CDD 724.981

1ª edição: 2017
1ª reimpressão: 2019

© Carlos M. Teixeira

Edição traduzida para o inglês *Ode to the Void*,
Carlos M. Teixeira, 2017
ISBN: 978-85-88585-60-7 (Romano Guerra)
ISBN: 978-0-9964051-7-1 (Nhamerica)

A reprodução ou duplicação integral ou parcial desta
obra sem autorização expressa do autor e dos editores
se configura como apropriação indevida dos direitos
intelectuais e patrimoniais do autor.

Direitos para essa edição

Romano Guerra Editora
Rua General Jardim 645 cj 31
01223-011 São Paulo SP Brasil
rg@romanoguerra.com.br
www.romanoguerra.com.br

Nhamerica Platform
807 E 44th st,
Austin, TX, 78751 USA
editors@nhamericaplatform.com
www.nhamericaplatform.com

IMAGEM DA CAPA
Foto Carlos M. Teixeira

Este livro foi composto em Alegreya e Raleway
Impresso em papel Offset 90g e Duodesign 250g